D1719109

HÄFELINGER
+WAGNER
DESIGN

Erzählende Marken kreieren. /
Creating narrative brands.

Conway Lloyd Morgan

avedition**rockets**

häfelinger + wagner design
Erzählende Marken kreieren. /
Creating narrative brands.

de /

MENSCHEN ERLEBEN DIE WELT
ÜBER GESCHICHTEN.
SIE ERINNERN SICH AN EREIGNISSE,
INDEM SIE DIESE
MIT ERZÄHLUNGEN VERBINDEN.

GUTE GESCHICHTEN WERDEN UNENDLICH OFT
WIEDERHOLT UND WEITERGETRAGEN.
SIE SIND AUSGEZEICHNET GEEIGNET,
UM IDEEN ZU ERZÄHLEN UND NACHHALTIG
ERLEBBAR ZU MACHEN.

HÄFELINGER+WAGNER DESIGN
ENTWICKELT GESCHICHTEN
ÜBER GUTE IDEEN UND HERAUSRAGENDE
LÖSUNGEN VON MENSCHEN,
UNTERNEHMEN UND MARKEN.

en / PEOPLE EXPERIENCE THE WORLD
THROUGH STORIES.

THEY RECALL EVENTS BY PLACING THEM
IN A NARRATIVE CONTEXT.

GOOD STORIES ARE OFTEN
ENDLESSLY REPEATED AND PASSED ON.

THEY ARE THE PERFECT MEDIUM
FOR RELATING IDEAS AND TURNING THEM
INTO A LASTING EXPERIENCE.

HÄFELINGER+WAGNER DESIGN
CREATE STORIES ABOUT
GOOD IDEAS AND REMARKABLE SOLUTIONS
BY PEOPLE, COMPANIES AND BRANDS.

15

Seit fünfzehn Jahren. /
Since fifteen years.

clinger+wagner

design

INHALT/
CONTENT

DARF ICH IHNEN ALL DAS IN FORM VON GESCHICHTEN ERZÄHLEN?

May I tell you all that in the form of stories?

Vorwort / Preface
Conway Lloyd Morgan

de / Unternehmen und Institutionen lassen sich auf unterschiedliche Weisen beschreiben oder definieren: als Satz von Figuren, wenn man es abstrakt sieht, als große Gemeinschaft von Menschen, wenn man es human sieht. Oder als Satz von Aktivposten (nicht nur materiellen) oder als Satz von Vermögen (nicht nur abstraktem). Oder als Sammlung von Absichten oder System von Mitteln (oder als Kombination von beidem). Jede Definition konzentriert sich auf einen Teil des Gesamtgebildes Unternehmen, nicht auf das Ganze. Aber bildet einen Teil der Vielfalt ab, die das moderne Unternehmen ausmacht.

Etwas umfassender wäre es vielleicht, das Unternehmen als Sammlung von Geschichten zu bezeichnen. Geschichten bündeln Erfahrungen: Geschichtensammlungen definieren Erfahrungen auf unterschiedliche Weisen. Zu Geschichten gehören Plots und Mythen, Parabeln, Traditionen, Erzählungen. Geschichten können aktiv oder beschreibend sein, sie können ebenso einen Zusammenhang darlegen wie eine Verhaltensweise diskutieren. Geschichten können informativ sein, aber Geschichten können auch geheimnisvoll sein.

Design ist ebenfalls ein System von Geschichten. Nicht nur die Designagentur ist eine Sammlung von Geschichten, sondern: mit dem Designprozess wählt, verfeinert, schafft und definiert man Geschichten über den Kunden. Das Ergebnis des Designs ist eine neue oder andere Geschichtensammlung. Ein Maß für den Erfolg des Designs ist es, inwieweit das neue Geschichtennetz mit der existierenden Wahrnehmung des Unternehmens in Einklang steht: passt die neue Geschichte zur alten?

Die Interaktion zwischen Agentur und Kunden ist ebenfalls eine Quelle für Geschichten. Diese Geschichten sind besonders gewinnbringend für das Verständnis, wie eine Designagentur arbeitet, und die Agentur selbst von der Summe ihrer Leistungen zu trennen. Denn ein Designunternehmen sollte gewissermaßen unsichtbar sein, sein Eingreifen in das Erscheinungsbild eines Kunden so natürlich, so selbstverständlich, dass die Hände, die es geschaffen haben, nicht zu sehen sind, so wie eine gute Typografie keinen Schatten zwischen Text und Leser wirft.

häfelinger+wagner design ist eine integrierte Designagentur in München mit einer Reihe hochkarätiger Kunden wie adidas Group, BMW Group, Dornier Museum Friedrichshafen, Deutsche Bank, Deutsche Post DHL, Fresenius Medical Care, Munksjö Decor, Museum für Konkrete Kunst, Siemens, ThyssenKrupp und Wacker Chemie. Ihre Spezialgebiete sind Corporate Design, Corporate Branding, Corporate Architecture und Interactive Communication, und vor allem in den beiden ersten Bereichen werden sie beauftragt.

Die Agentur wurde 1995 gegründet, vor fünfzehn Jahren. Die beiden Gründungspartner, Annette Häfelinger und Frank Wagner, lernten sich bei der Arbeit in einer anderen Münchner Agentur kennen, kurz nachdem sie beide ihren Abschluss gemacht hatten: Annette Häfelinger an der Schule für Gestaltung in Basel, Frank Wagner an einer privaten Designschule in Stuttgart. Beide arbeiteten zunächst anderswo, bevor sie wieder zusammenkamen, um ihr eigenes Unternehmen zu gründen — mit der Absicht, Grafik und Kommunikationsdesign für Unternehmen anzubieten. Ein deutsches Designmagazin berichtete über einige ihrer frühen Arbeiten. Durch einen Glücksfall, wie ihn jede neue Agentur verdient hat, fielen sie den Kommunikationsverantwortlichen von ThyssenKrupp auf, die das neue Team zu einem Pitch einluden. häfelinger+wagner design gewann den Pitch und so begann die Zusammenarbeit mit dem Kunden, die nicht nur zur Gestaltung der Finanzkommunikation führte, sondern auch zu einer Reihe von anderen Projekten, von denen hier einige gezeigt werden.

Aber ThyssenKrupp — gegründet 1999 durch den Zusammenschluss der beiden größten deutschen Stahlhersteller — war nicht der einzige größere Kunde der neuen Agentur. Sie arbeitete bereits für Varta am Relaunch des Corporate Designs, an Verpackungen und Produktkommunikation in mehreren Sprachen — eine Zusammenarbeit, die zehn Jahre dauerte. 1996 hatte die Agentur außerdem mit der Revolution des Fernsehens (in Deutschland und Europa) zu tun, denn häfelinger+wagner design übernahm für den Launch von EM.TV weite Teile der Shareholder Communications, außerdem das Brand Development, die Produktkommunikation und wichtige Messestände.

Die Zusammenarbeit mit so wichtigen Kunden ermöglichte es der Agentur, in den entscheidenden Momenten zu wachsen. Heute beherbergen die Büros der Agentur in der Münchner Türkenstraße ungefähr fünfundzwanzig Angestellte, hauptsächlich in Vollzeit, mit gelegentlich hinzugezogenen freien Mitarbeitern (mit bestimmten Fähigkeiten für einzelne Projekte).

häfelinger+wagner design war ein Kind der Nachwendezeit. Wenn die größere Aufgabe, zwei Nationen zusammenzubringen, für eine kleine Designagentur in München auch keine direkte Relevanz zu haben scheint, könnte doch einer der Gründe für den Erfolg von häfelinger+wagner design darin liegen, dass sie die Zeichen der Zeit richtig gelesen hat, vor allem was den Übergang von einer produzierenden Wirtschaft zu einer Dienstleistungswirtschaft angeht, von einer deutschen und europäischen zu einer globalen Wirtschaft, und die Bewegung weg von Ideologien. Die Fähigkeit der Agentur, nicht nur Branding-, Kommunikations- und Architekturkonzepte zu entwickeln, sondern sie für den Kunden auch in ein schlüssiges Ganzes einzubinden, zeigt, wie sie Kreativität und Strategie miteinander verbindet und diese Symbiose als Prüfstein für ihren gestalterischen Ansatz sieht.

Im Folgenden soll gezeigt werden, wie häfelinger+wagner design diese Techniken bei einer Reihe anspruchsvoller Projekte für anspruchsvolle Kunden umgesetzt haben. Solche Designlösungen müssen auf den Kunden zugeschnitten sein, einzigartig und innovativ, und gleichzeitig muss das, was auch immer sie der Geschichte des Kunden hinzufügen, mit dem Markenkern und den Werten des Unternehmens in Einklang stehen. Dass sie das so konsequent erreicht, macht sie heute zu einer der kreativsten und fähigsten Agenturen Deutschlands.

May I tell you all that in the form of stories?

en / Corporations and institutions can be described or defined in a number of different ways: as a set of figures, at the most abstract, as a large body of people as perhaps the most human. Or as a set of assets (not just physical) or a set of properties (not just abstract). Or a gathering of intentions, or a system of means (or a combination of both.) Each definition focuses on part of the totality of a corporation, not the whole. But each one does contribute something to the multiplicity that is the reality of the modern corporation.

A description that might be more inclusive would be to describe corporations as collections of stories. Stories encapsulate experience: collections of stories define experience in various ways. And stories include storylines and also myths, parables, traditions, narratives. Stories can be active or descriptive, giving an account of a context as well as arguing a course of behaviour. Stories can be informative, but equally stories can be enigmatic.

Design is a system of stories as well. Not only is a design agency too a collection of stories, but the process of design can be seen as selecting, refining, creating and defining stories about the client. The design outcome is a new or different collection of stories. One measure of the success of a design is the extent to which the new meshwork of stories accords to the existing perception of the company: does the new story cohere with the old?

The interaction between agency and client is itself a source of stories. These stories are particularly useful for understanding the way in which a design agency works, and so in distinguishing the agency itself from the sum total of its achievements. For in one sense a design company should be invisible, its interventions in the appearance of a corporate client so natural, so obvious as to efface the hands that created them, like good typography casting no shadow between text and reader.

häfelinger+wagner design is an integrated design agency in Munich with a blue-chip list of clients from Bavaria and beyond, such as adidas Group, BMW Group, Dornier Museum Friedrichshafen, Deutsche Bank, Deutsche Post DHL, Fresenius Medical Care, Munksjö Decor, Museum für Konkrete Kunst, Siemens, ThyssenKrupp and Wacker Chemie. They are specialised in corporate design, corporate branding, corporate architecture and interactive communication, and the first two aspects are the areas that engage them most often.

The agency was founded fifteen years ago, in 1995. The two founding partners, Annette Häfelinger and Frank Wagner, had met while working at another Munich agency soon after graduating: Annette from the Schule für Gestaltung in Basel, Frank from a private design school in Stuttgart. Both also worked elsewhere before coming together again to start their own business, intending to offer graphics and communication design to corporate clients. Some of their early work appeared in the pages of a German design magazine, where by a stroke of the good fortune new agencies deserve, it was seen by the corporate communication team of the steel combine ThyssenKrupp, who invited the new team to pitch for an upcoming project. häfelinger+wagner design won the pitch, and so began an association with the client that has led not only to the creation of financial communication but also to a series of projects, several of which are featured here.

But ThyssenKrupp, formed in 1999 through the merger of Germany's two largest steel-makers, was not the only major client for the new agency. They were already working for Varta on the relaunch of the corporate design, on packaging and on product communication in several languages, a partnership that lasted for a decade. In 1996 the agency also became involved in the revolution sweeping television (in Germany and Europe) with the launch of EM.TV, for which the agency handled many aspects of shareholder communications as well as brand development, product communication and major fair stands. The partnership with such important clients enabled the agency to grow at crucial points in its development. Today the agency's offices in Türkenstrasse in Munich are home to about twenty-five staff, mainly full-time, with some freelancers brought in additionally for their specific skills on particular projects.

häfelinger+wagner design was a post-unification creation. While the grander issues of bringing together two nations might not seem directly relevant to a small design agency in Munich, some of the reasons for the success of häfelinger+wagner design can be seen in their reading correctly the moods of the moment, particularly in the change from a production economy to a service economy, from a German and European economy to a global one, and to a move away from ideologies. Their ability not only to develop branding, communication and architectural concepts but also to integrate them into a comprehensive whole for the client is a reflection of the ways in which they integrate creativity with strategy, and see this symbiosis as a touchstone of their design approach.

How häfelinger+wagner design has developed these techniques for a range of demanding projects for equally demanding clients is shown here. Such design solutions have to be personal to the client, unique and innovative; but, at the same time, whatever they add to the client's story has to be consistent with the core brand and values of the corporation. Their ability to achieve this so consistently is why they are rated one of the most creative and skilful agencies in Germany today.

de /

HÄFELINGER+WAGNER DESIGN
IST EINE BÜHNE,
AUF DER DIE IDEEN
UND LÖSUNGEN VON MARKEN
UND UNTERNEHMEN
CHOREOGRAPHIERT,
IN EINE HANDLUNG VERPACKT
UND ZUR AUFFÜHRUNG
GEBRACHT WERDEN.

en /

HÄFELINGER+WAGNER DESIGN
IS A STAGE, ON WHICH
THE IDEAS AND
SOLUTIONS OF BRANDS AND
COMPANIES ARE
CHOREOGRAPHED, PACKAGED
IN A STORY LINE
AND ENACTED.

Creating
narrative brands
by
hwdesign

ERZÄHLENDE MARKEN KREIEREN

MUNKSJÖ DECOR
BMW GROUP
THYSSENKRUPP
FRESENIUS MEDICAL CARE
DORNIER MUSEUM FRIEDRICHSHAFEN
ERIK CHMIL PHOTOGRAPHY
JOACHIM WISSLER GROUP
HÄFELINGER+WAGNER DESIGN

CREATING NARRATIVE BRANDS

UND DANN HÄTTEN SIE DIE MARKE GERN IN PAPIER DARGESTELLT?

And I suppose you will want the brandscape made of paper?

Kunde / *Client*: Munksjö Decor
Projekt / *Project*: Messestand / *Fair stand*

de / Die Faszination mancher Objekte rührt zumindest teilweise von ihrer kompromisslosen Schlichtheit — eine Seifenblase ist ein einleuchtendes Beispiel. Dann gibt es Dinge, bei denen ein einfacher Komplexitätslevel einen ungleich höheren Faszinationslevel auslöst. Ein Beispiel ist das Möbiusband: Man nimmt dafür einen Streifen Papier, verdreht ihn um 180° in sich und klebt dann die Enden aneinander. Das Ergebnis ist ein dreidimensionales Objekt mit nur einer Kante und nur einer Oberfläche (auch wenn es anders aussehen mag). Es ist in all seiner Einfachheit ein topografisches Rätsel.

Das Beispiel mit dem Papier ist ein gängiges, aber ein Möbiusband kann aus allen möglichen Materialien bestehen (es gibt sogar ein Pflanzenprotein, dessen Peptide diese Form haben). Aber die Version, die den meisten Menschen geläufig ist, ist die Papierversion, und so eignet sich das Möbiusband als Metapher für die vielschichtigen Eigenschaften von Papier als Träger (für Text oder Bilder), aber auch als Objekt an sich. Das Erlebnis, ein Buch oder Dokument zu lesen, hängt zumindest teilweise mit der Typografie und der Gestaltung des Materials zusammen, mit dem Gewicht und der Anwesenheit des Papiers.

Als der Papierhersteller Munksjö Decor häfelinger+wagner design mit einem neuen Architekturkonzept für den Messestand auf der Interzum 2005 beauftragte, entwickelten die Designer ein Möbiusmotiv in großem Maßstab als visuelles Schlüsselelement für den Stand, gut fünf Meter hoch. Das architektonische Objekt war in doppelter Hinsicht passend, denn der Kunde ist auf Dekorpapier spezialisiert, ein Papier für den Einsatz, unter anderem, in dreidimensionalen Kontexten wie Möbeln.

Am Anfang jeder Idee zur
Entwicklung eines Messe-
stands für Munksjö Decor
steht ein Bogen Papier.
/
Every idea for designing
a fair stand for
Munksjö Decor begins
with a sheet of paper.

Kunde / Client: Munksjö Decor
Projekt / Project: Messestand / Fair stand

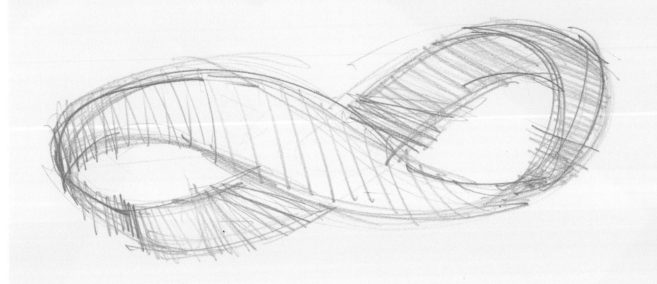

endless paper

no end   phantasy

noend

NOEND

endless motions

endless power

white art

endless whites

endlessness

Die Idee entsteht im Kopf, die
Konkretisierung beim Skizzieren
und Experimentieren mit dem
Material.
/
*The idea develops in the head
and crystallizes through sketches
and experimentation with the
material.*

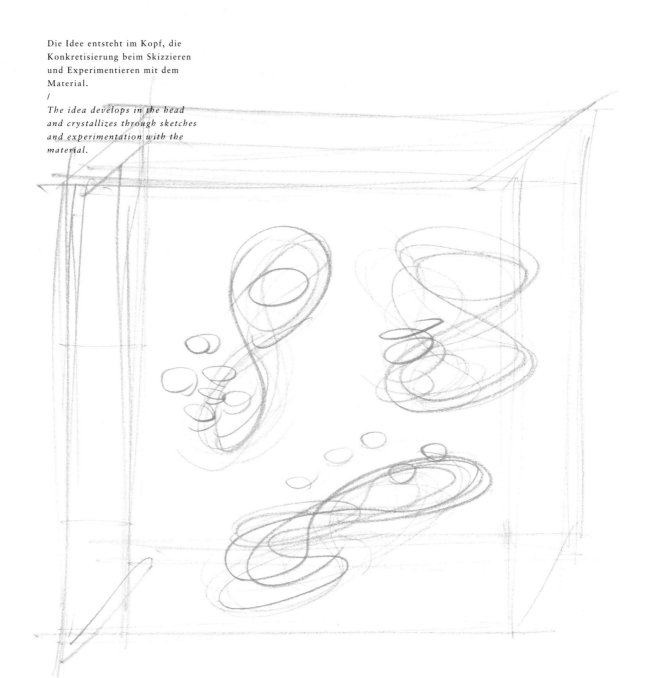

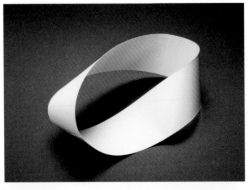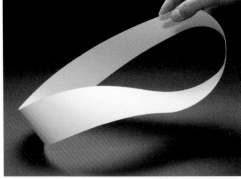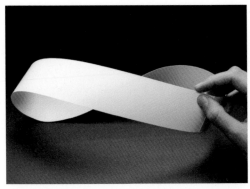

Kunde / Client: Munksjö Decor
Projekt / Project: Messestand / Fair stand

2007 benötigte Munksjö Decor wieder ein neues Thema für einen weiteren Stand und wollte die Gelegenheit gleichzeitig nutzen, um eine umfassende Umstrukturierung anzukündigen. Für diesen Stand behielten die Designer das Architekturkonzept mit einer relativ einfachen Farbpalette bei — rot und weiß —, ersetzten das Möbiusband aber durch einen komplexeren Scherenschnitt. Er hatte in seiner Form gleichzeitig einen Wiedererkennungswert und war doch überraschend neu allein aufgrund seiner Größe. Auf diese Weise spiegelte er die Geschichte der Umstrukturierung: die gleiche Qualität, das gleiche Material, aber eine neue Weise.

Bei beiden Lösungen haben die Designer die typische Falle vermieden, die die Arbeit mit einem Papierhersteller mit sich bringt, nämlich etwas zu suchen, was man auf das Produkt drucken kann. So elegant diese Lösung tatsächlich sein kann, funktionierte es in diesem speziellen Kontext doch besser, lediglich Papier zu zeigen und es für sich sprechen zu lassen.

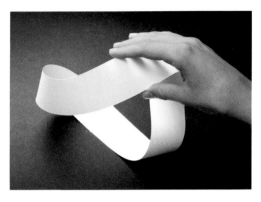 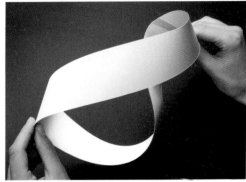 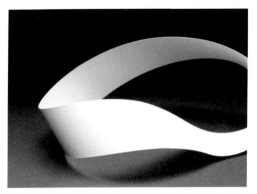

Kunde / *Client*:
Munksjö Decor

Projekt / *Project*:
Messestand / *Fair stand*

Messe / *Fair*:
Interzum Köln / *Cologne*

Zeitraum / *Period*:
Mai / *May* 2005

Gesamtfläche / *Total area*:
240 qm / *240 sq.m*

Auszeichnungen / *Awards*:
– Adam, Gold
– ADC Deutschland
– Die Goldene Flamme, Gold
– DDC
– red dot award

Weitere Projekte / *Further projects*:
– Messeauftritte / *Fairs* seit / *since* 1999
– Repositionierung / *Repositioning* 2007

Die realisierte Idee – ein circa
36 Meter langes, frei stehendes
und um 180° verdrehtes Band –
ist hinsichtlich Ästhetik und
Materialanmutung von den
Papiermodellen nicht zu unter-
scheiden.
/
*The implemented idea – an
approximately 36-metre-long,
free-standing ribbon twisted
through 180° – is indistinguish-
able from the paper model
in terms of aesthetics and the
appearance of the material.*

And I suppose you will want the brandscape made of paper?

en / There are some objects whose fascination derives in part from their uncontrived simplicity — a soap bubble is a key example. There is a further class of objects where one simple level of complexity creates a wholly disproportionate level of fascination. The mobius strip is an example; to create one, take a ribbon of paper, twist it through 180 degrees and then join it end to end. The result is a three-dimensional object with only one edge and only one surface (whatever appearances may suggest to the contrary). It's a topographical puzzle for all its simplicity.

If a paper example is the common one, a mobius strip can be made from any material (there is even a plant protein with its peptide backbone in the form of one). But the version most people know is paper, and so the strip is a useful metaphor for the ambiguous qualities of paper, as a support (for type or image) but also as a presence in its own right. The experience of reading a book or a document comes in part from the typography and design of the material content, partly from the heft and presence of the paper support.

So when in 2004 the papermaking company Munksjö Decor asked häfelinger+wagner design about a new architecture concept for a stand at the Interzum fair in 2005, the designers came up with a mobius motif on a large scale to provide a key visual element for the stand, some five metres high. The architectonic object was doubly appropriate since the client company specialises in décor paper, paper with a printed finish but impregnated with resin for use, amongst others, in three-dimensional contexts such as furniture.

In 2007 Munksjö Decor were looking for a further new theme for another stand, which would also be the occasion to announce an extensive reorganisation. For this stand the designers retained the concept of the architecture with a relatively simple colour palette of red and white but replaced the mobius strip with a scaled up complex paper cut-out. This was both recognizable from its general form and strikingly new when seen at the large scale involved. Thus it echoed the storyline of the reorganisation: same quality, same materials, but in a new way.

In both solutions the designers avoided the common pitfall encountered when working with a paper company, which is to find something to print all over the product. Elegant as this solution can indeed be, this particular context worked even better by letting the paper alone be seen for and of itself, freed to tell its own story.

Kunde / *Client*: Munksjö Decor
Projekt / *Project*: Messestand / *Fair stand*

Einfach und schön.
Der Munksjö Decor
Messeauftritt 2005.
/
Nice and simple.
The Munksjö Decor
fair stand in 2005.

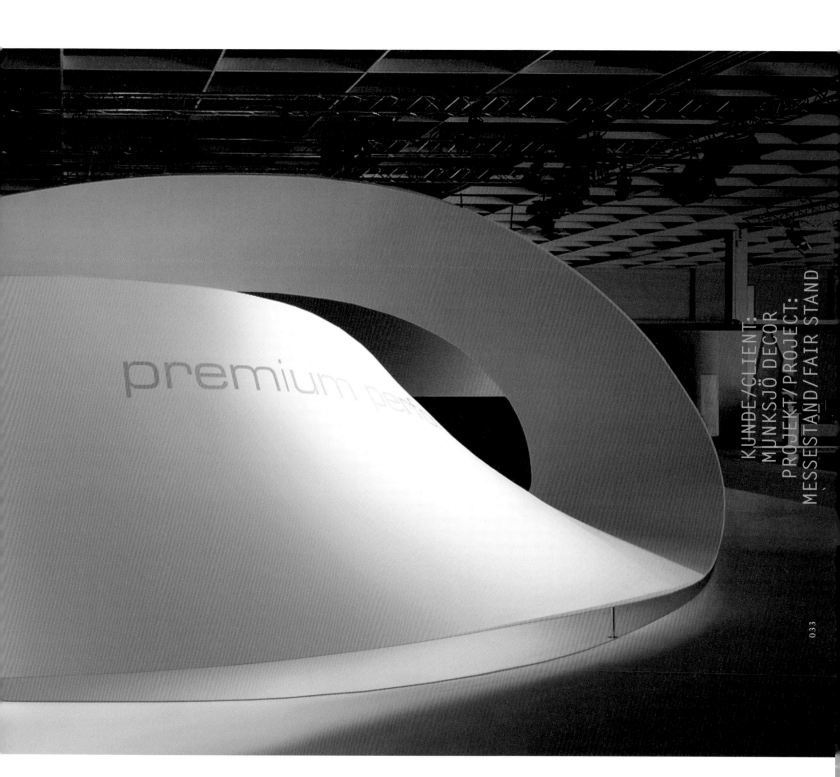

premium per...

KUNDE/CLIENT:
MUNKSJÖ DECOR
PROJEKT/PROJECT:
MESSESTAND/FAIR STAND

WOLLEN WIR EINE SPRITZTOUR MACHEN? ALLE ZUSAMMEN, WIR ALLE DREI?

Shall we go for a ride? All together, all three of us?

Kunde / *Client:* BMW Group
Projekt / *Project:* Geschäftsbericht / *Annual report* 2008

de / Die BMW Group besitzt drei sehr charakteristische Automarken: BMW (Autos und Motorräder), MINI und Rolls-Royce. Wie gestaltet man einen Bericht, der alle drei Marken gleichwertig präsentiert und gleichzeitig darstellt, dass die Gruppe sich mit den großen Themen der Automobilwelt auseinandersetzt wie etwa Sicherheit, Nachhaltigkeit und Emissionen? Das war die Aufgabe von häfelinger+wagner design.

Ihre Lösung teilte den Bericht in zwei Teile, die separat gedruckt und gebunden wurden, aber das gleiche Format hatten und an den Rückseiten miteinander verbunden waren, sodass ein Wendebuch entstand (und es nicht eine einzig richtige Art gibt, es zu lesen). Ein Teil enthält die statistischen und finanziellen Informationen, die dicht, aber sehr klar präsentiert werden durch Torten- und Balkendiagramme, aber sonst ohne weitere Illustrationen oder optische Ablenkung. Der andere Teil mit dem Titel „Number ONE" befasst sich mit verschiedenen Aspekten des Gesamtunternehmens BMW Group und betrachtet sie mit den Augen der Aktionäre und Stakeholder.

Da gibt es Kapitel über Unfallsicherheit, saubere Produktion, die Entwicklung neuer Modelle und so weiter, gewürzt mit Bildern von BMW und MINI Besitzern. Dieser Teil ist optisch üppiger als der Pflichtteil, mit einem bildlichen Schwerpunkt auf Einzelpersonen. Aber es ist ausgewogen: die finanziellen Informationen sind genau, ohne trocken zu sein, ebenso wie die Bilder der neuen Modelle des Jahres elegant sind, ohne zu werben. Der Einsatz von geprägtem weißem Karton und lediglich den Farben Schwarz und Silber auf den Covern sorgt dafür, dass die beiden Teile eine Einheit bilden.

Ein moderner Automobilhersteller muss einen stabilen Kurs zwischen den Bedürfnissen von Stakeholdern und Aktionären, zwischen ökologischen und ökonomischen Fragen fahren. Dass der BMW Group diese Gratwanderung bewusst ist, zeigt sich nicht nur in der redaktionellen Struktur, sondern auch in der Typografie des Berichts. So trägt das Design auf mehreren Ebenen zum aktuellen Image der BMW Group bei.

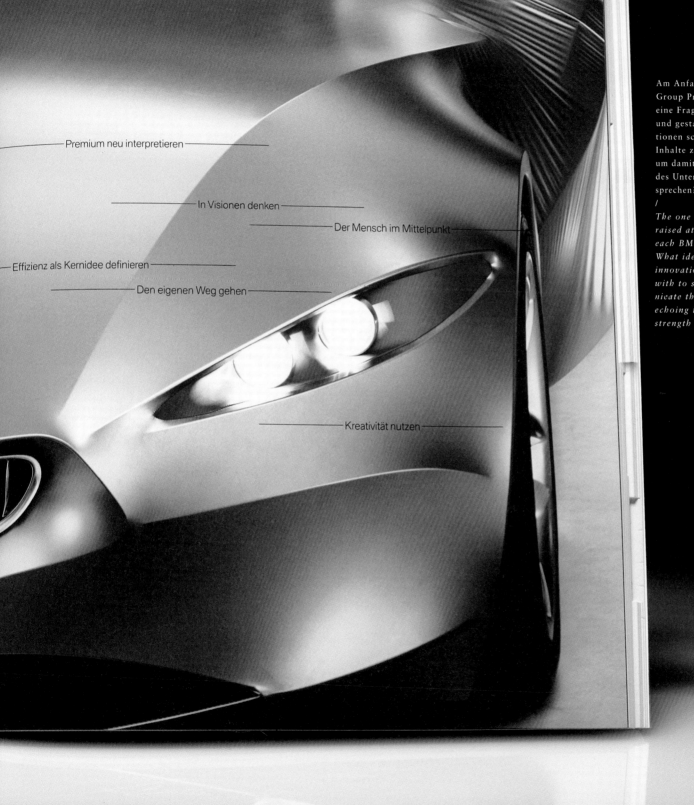

Premium neu interpretieren

In Visionen denken

Der Mensch im Mittelpunkt

Effizienz als Kernidee definieren

Den eigenen Weg gehen

Kreativität nutzen

Am Anfang eines jeden BMW Group Projektes steht immer eine Frage: Mit welchen Ideen und gestalterischen Innovationen schaffen wir es, die Inhalte zu kommunizieren, um damit der Innovationskraft des Unternehmens zu entsprechen?

/

The one question always raised at the beginning of each BMW Group project is: What ideas and creative innovation can we come up with to successfully communicate the contents whilst echoing the innovative strength of the company?

Die Idee, die Zweiteilung des Geschäftsberichtes durch zwei gegeneinander verschiebbare Berichtsteile umzusetzen – und damit erst die Register lesen zu können – wurde inspiriert durch das Konzeptfahrzeug GINA, bei dem Funktionen erst mit Anwendung sichtbar werden.

/

The idea of dividing the annual report into two separate parts that can be slid apart to allow the indexes to be read was inspired by the GINA concept car, in which certain functions are only revealed when activated.

Kunde / *Client:* BMW Group

Projekt / *Project:* Geschäftsbericht / *Annual report* 2008

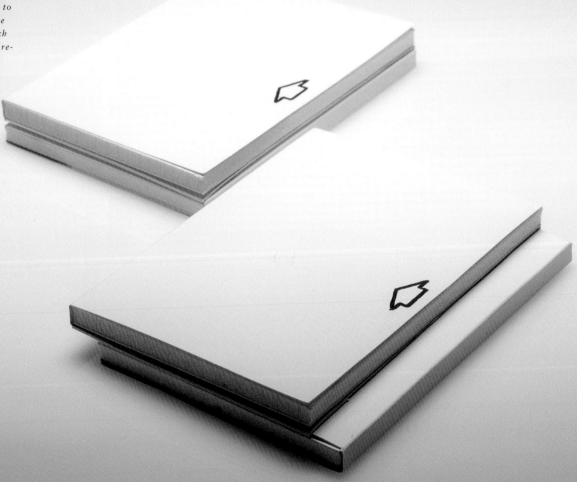

Number ONE——

Zukunft
Wachstum
Kunden
Profitabilität

—————Herausforderung Zukunft—————

Kunde / *Client*:
BMW Group

Projekt / *Project*:
Geschäftsbericht / *Annual
report* 2008

Auszeichnungen / *Awards*:
– Berliner Type
– DDC, Bronze
– Graphis Award, Platin
– GWA Production Award, Gold
– iF Communication Award
– Innovationspreis der Deutschen
  Druckindustrie, 3. Platz

Weitere Projekte / *Further projects*:
Leadagentur / *Lead agency* BMW Group
– Unternehmens- und Finanzkommunikation /
  Corporate and financial communication
  seit / *since* 2001
– Nachhaltigkeitsberichte /
  Sustainable value reports
  seit / *since* 2003

Event Kommunikation / *Event
communication*
– Dealer Drive Valencia, Spanien /
  Spain 2007

Shall we go for a ride? All together, all three of us?

en / BMW Group is the owner of three very distinctive automobile brands: BMW (cars and motorbikes), MINI, and Rolls-Royce. How then to produce an annual report that encompassed equably all three brands and also showed the group as aware of issues in the wider automobile world, such as vehicle safety, recyclability, and emission levels? This was the challenge for häfelinger+wagner design.

Their solution was to divide the report quite strictly into two parts, printed and bound separately but in the same formats, and joined together through the back covers into a reversible whole (so there is no single correct way to read the whole). One part contained the statistical and financial information, presented densely but with clarity, with pie and bar charts but hardly any other illustration or visual distraction. The other part, entitled Number ONE, looked at a range of aspects of BMW Group's business as a whole and through the eyes of both stakeholders and shareholders.

There are sections on crash safety, clean production, new model development and so on, interspersed with images of BMW and MINI users. The whole is visually richer than the other part, with an emphasis in the imagery on individuals. But this is balanced: the financial information is formal without being dry, just as the images of the year's new models in the other part are elegant without being advertising. The use of embossed white board and only black and silver on the front covers helps also to bring the two parts into a whole.

A modern automaker needs to keep a stable course between demands of stakeholders and shareholders, betweeen environmental and economic issues. BMW Group's awareness of this need for balance is reflected not only in the editorial structure but also runs into the typography of the publication. Thus the design contributes on a number of levels to BMW Group's current image.

Geschäftsbericht 2008

Rolls-Royce
Motor Cars Limited

BMW Group

Kunde / *Client:* BMW Group
Projekt / *Project:* Geschäftsbericht / *Annual report* 2008

Verantwortung zeigen

Mobilitätsbedürfnisse erkennen

Mobilität neu begreifen

Nachhaltig handeln

Führungsanspruch umsetzen

Herausforderung Zukunft

Wir stehen vor einem Zeit-
alter, in dem Nachhaltigkeit
zum Werttreiber wird.

Einem Paradigmenwech-
sel, durch den die Zukunft
der individuellen Mobilität
neu formuliert wird.

Wir haben unsere Ziele
hierfür klar abgesteckt. Und
wir werden sie konsequent
verwirklichen.

Strategie Number ONE

MINI E

Ziel — Die Mobilität der Zukunft gestalten — project i

Problemlösung im Fokus

Herausforderung Megacities

Zukunft

Wachstum

Kunden

Profitabilität

Das Jahr 2008

Abwasserfreie Fertigung

Abfallvermeidung

Ziel **−30%** Ressourcenverbrauch pro produziertem Fahrzeug bis 2012

CO₂-Reduktion

Clean Production

Energieeffizienz

Alles bislang Gültige
kommt auf den Prüfstand.

Sicher ist: Premium wird
Premium bleiben. Und sich
doch neu erfinden.

Der Mensch – als Kunde, als
Gesellschaft, als Stakeholder –
steht nach der Neuausrichtung
der BMW Group im Mittel-
punkt.
/
*Man – as client, society, stake-
holder – takes centre stage
following the realignment of
BMW Group.*

42

Alice Fiedler———Marketing
MINI Fahrerin seit———2001
Erster MINI———MINI Cooper

Fahrzeug——MINI Cooper S
Mitfahrerin——Pina
Gekauft——2007
Kilometerstand——22.000 km
Längste Strecke——Frankfurt–Meran–Frankfurt

KUNDE/CLIENT:
BMW GROUP
PROJEKT/PROJECT:
GESCHÄFTSBERICHT/
ANNUAL REPORT 2008

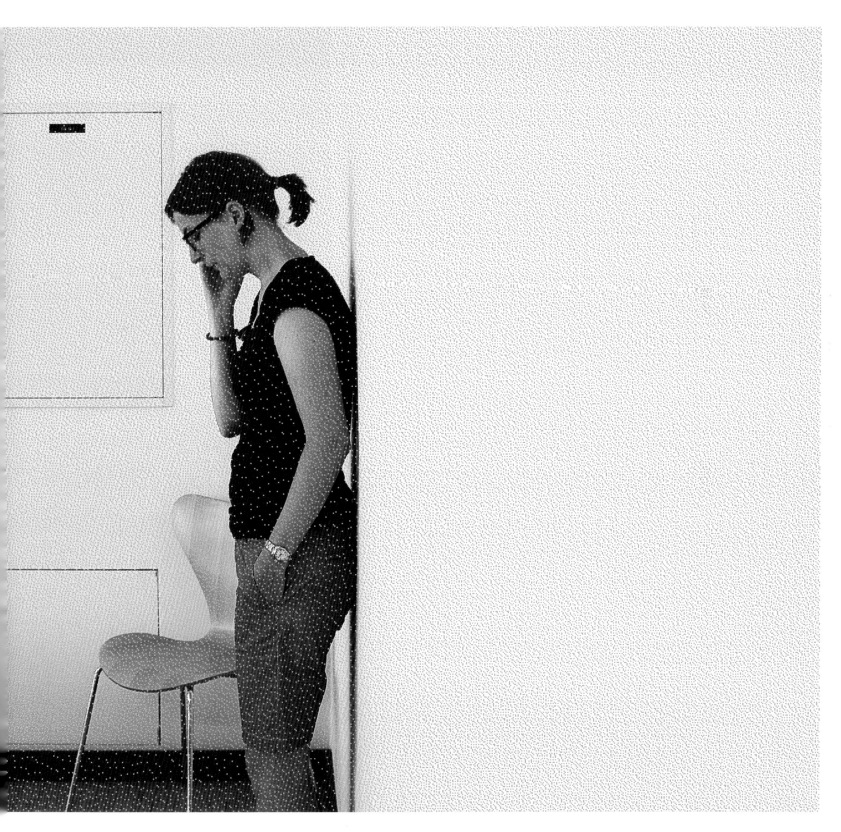

MÖCHTEN SIE WISSENSCHAFTLER WERDEN – ODER VIELLEICHT INGENIEUR?

Do you want to be a scientist – or perhaps an engineer?

Kunde / *Client:* ThyssenKrupp
Projekt / *Project:* Live Communication

de / Um dieses Konzept zu verstehen, vergessen Sie die moderne Verwendung des Worts „Park" wie es für eine Ansammlung von Jahrmarktattraktionen benutzt wird (Vergnügungspark) oder als Gelände, auf dem verschiedene Firmen neue Technologien entwickeln (Technologiepark), und kehren zurück ins achtzehnte Jahrhundert zum Park des aristokratischen Grundbesitzers, einer angelegten Landschaft, die nicht nur unterhaltsam, sondern auch lehrreich sein soll. Und wer sollte unterhalten und belehrt werden? Vor allem Schulkinder. Und worüber? Über Nutzen und Wert von Naturwissenschaften und Technologie — und darüber, wie spannend sie sind.

Die Initiative für den IdeenPark kam von ThyssenKrupp, einem der wichtigsten Technologieunternehmen Deutschlands. Man hatte festgestellt, dass es, obwohl die Industrie für die deutsche Wirtschaft so wichtig ist, zum einen immer weniger akademische Abschlüsse in diesem Fachgebiet gab, und dass zum anderen Frauen in Wissenschafts- und Ingenieursberufen unterrepräsentiert sind. Der Konzern stellte sich ein Wissenschaftsfestival oder eine Art Messe vor, um das Interesse junger Leute zu wecken.

häfelinger+wagner design sollte ThyssenKrupp bei dieser Idee unterstützen. Daraus entwickelte sich ein mehrtägiges Event, das im Zweijahresrhythmus dreimal stattfand, in verschiedenen Städten mit immer mehr Kooperationspartnern und teilnehmenden Organisationen und immer mehr Besuchern. Es begann 2004 in Gelsenkirchen mit einem drei Tage dauernden Event, 26 Partnern und 60.000 Besuchern, 2006 kam Hannover mit 70 Partnern und 200.000 Gästen und 2008 schließlich Stuttgart, zehn Tage lang mit 120 Partnern und 280.000 Gästen.

häfelinger+wagner design war sowohl für die integrierte Kommunikation zuständig (Print, Online, Event, Werbung etc.) als auch für Architektur und Innendesign, inklusive Szenografie und Inszenierung der beiden ersten Events und eines Ablegers, den Technology Days in Shanghai, China, 2007 (weswegen die Detailplanung für Stuttgart einer anderen Agentur übertragen wurde). Für die Ausstellung in Shanghai profitierte die Agentur von ihren Erfahrungen mit einem ähnlichen Projekt in Tokio, Japan, 2005.

Am Anfang des IdeenParks gab es nichts, nicht einmal den Namen. Nur eine Idee, die alle Beteiligten beflügelt hat: Menschen für Technik zu begeistern und zeigen, welche Verantwortung alle gemeinsam haben.
/
At the beginning of Ideen-Park (IdeasPark) there was nothing, not even the name. Only an idea that inspired everyone: to arouse people's interest in technology and to show the responsibility that we all share.

Kunde / *Client*:
ThyssenKrupp

Projekt / *Project*:
Technologie-Erlebnisausstellung /
*Technology-live communication
exhibition*

Auszeichnungen IdeenPark 2004 und 2006 /
Awards IdeasPark 2004 and 2006:
– DDC
– Designpreis der Bundesrepublik
  Deutschland, Nominierung
– Deutscher PR-Preis, Gold
– EVA, Silber
– iF Communication Award

IdeenPark Projekte / *IdeasPark projects*:
– IdeenPark 2004, Gelsenkirchen
– IdeenPark 2006, Hannover / *Hanover*

Technology Days Projekte / *Projects*:
– TechnologyDays 2005, Tokio / *Tokyo*
– TechnologyDays 2007, Shanghai

Corporate Events seit / *since* 2001:
– Bilanzpressekonferenzen / *Financial
  statements press conferences*
– Hauptversammlungen / *General meetings*
– Management Foren / *Management forums*
– ThyssenKrupp Quartier, Essen
– Entry Paradise 2006, Essen

Man darf sich diese statischen Events aber nicht wie Messen vorstellen: neben Vorträgen und Präsentationen stand vor allem die Teilnahme der Gäste an Workshops und Experimenten im Vordergrund und nahm eine immer größere Rolle ein. Die unterschiedlichen Elemente zu einem schlüssigen Ganzen zu koordinieren, war eine komplexe Aufgabe, die sich zwar nicht in Statistiken darstellen lässt, doch von Anfang an deutlich war die allgemeine Begeisterung der Kooperationspartner und Moderatoren für das Projekt. Auch wenn die gespannten und begeisterten Gesichter der Besucher die Frage noch nicht beantworten können, ob eine halbe Million Gäste ihre Meinung über eine Karriere in Naturwissenschaften oder Technik geändert hat.

Do you want to be a scientist – or perhaps an engineer?

en / To understand this concept, forget the modern meanings of park, such as a collection of fairground attractions (amusement park) or an area on which various firms develop new technology (technology park) and go back to the 18th century and the aristocratic or landowner's park, an organised area of landscape intended not just to entertain but also to instruct. And who were to be entertained and instructed? Principally schoolchildren. And about what? The value and importance – and excitement – of science and technology.

The initiative for IdeenPark (IdeasPark) came from ThyssenKrupp, one of Germany's leading technology firms, who were aware that despite the importance of industry to the Germany economy there was a slowdown in the number of science graduates, and that women were under-represented in the scientific and engineering professions. The concern envisaged a science festival or fair to encourage interest among young people.

Die ersten Minuten des ersten
Tages beim IdeenPark 2008
in Stuttgart.
/
*The first minutes of the
first day at IdeasPark 2008
in Stuttgart.*

Kunde / *Client:* ThyssenKrupp
Projekt / *Project:* Live Communication

SCHWEBEN WIR BALD
LAUTLOS VON A NACH B?

06 MOBILITÄT: IN ZÜGEN NOCH BEQUEMER REISEN

Kunde / *Client:* ThyssenKrupp
Projekt / *Project:* Live Communication

Ein Kommunikationsbaustein
des IdeenParks sind die
IdeenFeen. Sie schenken den
Besuchern symbolisch einen
Wunsch, um sie damit auf-
zufordern, ihre eigenen Wünsche umzusetzen. Denn nur aus
Wünschen entstehen Ideen.
Und aus Ideen entstehen Innovationen. Wünsche sind die
Keimzelle alles Neuen.
/
*One key component of the
IdeasPark is the Idea Fairies.
They grant the visitors one
token wish, to encourage
them to act upon their own
wishes. For ideas are nothing
more than the product of our
wishes. And innovation the
product of ideas. Wishes are
the root of everything new.*

They invited häfelinger+wagner design to help them with the idea. This grew into a three biennial
multi-day event in different cities with an increasing range of partner corporations and organisations
and increasing numbers of visitors. Starting in Gelsenkirchen in 2004 with a three-day event with
26 partners that attracted 60,000 visitors, and then to Hanover in 2006 with 70 partners and 200,000
visitors and finally Stuttgart in 2008, 10 days, 120 partners and 280,000 visitors.

häfelinger+wagner design was responsible both for the integrated communication design (whether print,
online, event, advertising, etc) and for architectural and interior design, including scenography
and staging of the first two events and for a 2007 offshoot, Technology Days in Shanghai, China (the
detailed planning of Stuttgart was therefore handed to another agency). The Shanghai exhibition also
benefitted from the agency's experience with a similar project in Tokyo, Japan, in 2005.

Nor were these static events like fairs: as well as lectures and presentations, hands-on participation
by visitors in workshops and experiments was a key theme of engagement, which took an increasing
role in the events. The task of co-ordinating the different elements into a coherent whole was an astonishing one which paragraphs of statistics cannot convey, but what was clear was the enthusiasm
of many professionals and presenters for the projects from the outset. Even if the engaged and ex-
cited faces of the visitors were not yet able to answer the question as to whether the effort changed
the opinion of half-a million visitors about careers in science and technology.

WAS KOCHEN WIR DENN HEUTE? ES IST NOCH FRISCHES VANADIUM DA.

What are you cooking up?
There's plenty of fresh vanadium.

Kunde / Client: ThyssenKrupp
Projekt / Project: Imagebuch / Image book

de / Wonach soll Ihr Stahl denn schmecken? Wie sollen wir ihn heute kochen? Das sind gar nicht so irrelevante Fragen: Es gibt ein paar tausend Möglichkeiten der Stahlherstellung, und zu fast allen gehören Erhitzen und Mischen, der Vergleich mit dem Kochen liegt also nahe. (Tatsächlich spricht man ja auch vom „Stahlkochen".) Diese Metapher ist die Basis für „Das große Stahlbuch", den dritten Band der Imagebuchreihe „Discover Steel", die von ThyssenKrupp veröffentlicht und von häfelinger+wagner design konzipiert und gestaltet wurde. Auf 180 Seiten befasst sich das Buch mit „Zutaten, Köchen und Rezepten" für Stahl. Das Kapitel „Zutaten" beschreibt einige der komplexen chemischen Reaktionen bei der Stahlherstellung. Die Bedeutung dieser Zutaten wird auch durch die für das Buch verwendeten Materialien unterstrichen: ein Löffel Vanadium ist in den Deckel des Hardcovers eingearbeitet und die Vor- und Nachsatzblätter sind mit Legierungsmitteln beschichtet.

Im Kapitel über die Köche legen verschiedene zeitgenössische Stahlhersteller und andere ihre Vorstellungen über die Zukunft des Stahls dar, etwa die chinesische Künstlerin und Designerin Lu Zhou, Architekt Frank O.Gehry oder Martin Stratmann, der Leiter des Max-Planck-Instituts für Eisenforschung. Hier finden sich auch die Profile von Eisenfabrikanten aus dem 19. Jahrhundert wie Alfred Krupp und August Thyssen, den Gründern der Mutterfirmen. Der letzte Teil des Buchs widmet sich den Rezepten: den mannigfaltigen Verwendungsmöglichkeiten von Stahl in der modernen Welt, von Alltagsobjekten (seien es Fahrradketten oder Boule-Kugeln) bis hin zu Architektur und Bauwesen, der Automobil- und Transportindustrie, Medizintechnik und industriellen Anwendungsbereichen. Eine überzeugende Erinnerung daran, wie allgegenwärtig Stahl im Alltag ist. Das Buch schließt mit dem ausklappbaren Bild eines gedeckten Tischs, an dem die Gäste Geschirr und Besteck aus Edelstahl benutzen.

Die zentrale Metapher des Kochens gestattet es dem Leser, sich in dem oft recht technischen Material zurechtzufinden, ohne sich entfremdet zu fühlen. Gleichzeitig ist die Geschichte so unaufdringlich gestaltet, dass sie niemals gewollt oder penetrant wirkt, während die Bedeutung des Themas dank der Hochwertigkeit der Publikation außer Frage steht. Das Kochbuchmotiv gestattet es den Designern, eine ganze Reihe von Themen zu behandeln, indem sie eine zusammenhängende Geschichte erzählen. Die gesamte Produktion zeigt in ihrer gewitzten Komplexität die Reife des Verhältnisses zwischen Designer und Kunden.

Am Anfang der Buchreihe „Discover Steel" steht die Frage: Wie lässt sich das Hightech-Material Stahl – das von den wenigsten so gesehen wird – informativ und unterhaltsam kommunizieren? Die Idee 2006: als Kochbuch.
/
The question at the beginning of the "Discover Steel" book series is: how can the high-tech material steel – which is considered such by so few – be communicated in an informative and entertaining way? The idea in 2006: as a cookbook.

DAS
THE
GROSSE
BIG
STAHL
STEEL
BUCH
BOOK

ZUTATEN, KÖCHE UND REZEPTE.
INGREDIENTS, COOKS AND RECIPES

DISCOVER STEEL #3

ThyssenKrupp

Kunde / Client: ThyssenKrupp
Projekt / Project: Imagebuch / Image book

FEDERNDE ELEGANZ. DAS WAR MEIN ERSTER GEDANKE SPRINGY ELEGANCE. THAT WAS MY FIRST THOUGHT

LU ZHOU

Chinesische Künstlerin und Designerin entdeckt Europa
Chinese artist and designer discovers Europe – and the splendour of cutlery

LU ZHOU / NOMADIC ACADEMY

Lu Zhous Biografie begann 1976 in Peking, wo sie 1976 als Tochter eines Ingenieurs-Ehepaares geboren wurde. Ihre Mutter ließ gerne sehen, dass sie das Studium einer Kinderärztin aufnimmt. Doch der künstlerische Drang war stärker. Sie studierte an der Kunstakademie in Peking. Im Jahr 2000 wagte sie den Sprung nach Stockholm und machte dort ihren Abschluss an der Kunstakademie, um schließlich ihrer weiteren Schwächen hinzunehmen, den Design. Es folgte ein Aufenthalt an der Design Academy in Eindhoven, Niederlande, wo ihr Arbeitsportfolio dem Designer Ed Annink in die Hände fiel, der sie daraufhin für die Nomadic Academy vorschlug. Diese von ihm organisierte und von ThyssenKrupp sowie der Zollverein School unterstützte Initiative verbindet weltweit Designer, Designstudenten und designbegeisterte Unternehmen mit einer breit initiierten Gestaltungsaufgabe. Ziel ist es, Zeichnungen, Modelle und Prototypen für funktionale und dekorative Produkte von morgen zu entwickeln.

Lu Zhou's biography starts in Beijing, where she was born in 1976 as the daughter of two engineers. Her mother would have liked her to study to be a paediatrician. But her artistic drive was stronger; she studied at the Art Academy in Beijing. In 2000 she ventured out to Stockholm, where she completed her studies at the Art Academy, only to eventually turn her attention to her other weakness – design. She then spent some time at the Design Academy in Eindhoven, Netherlands, where her portfolio fell into the hands of designer Ed Annink. His recommendation led to her being featured by the Nomadic Academy. The initiative organised by ThyssenKrupp and the Zollverein School, the Nomadic Academy brings together designers, design students and companies interested in design from all over the world to work on heavily oriented design projects. The aim is to develop drawings, models and prototypes for functional and stylish products of the future.

Kunde / *Client*:
ThyssenKrupp

Projekt / *Project*:
Imagebuch / *Image book*

Jahr / *Year*: 2006

Auszeichnungen / *Awards*:
– ADC Deutschland
– BCP Award, Gold
– BCP Award, Sonderpreis
  Druckinnovationen, Gold
– Berliner Type, Gold
– DDC
– Designpreis der Bundesrepublik
  Deutschland, Nominierung
– GWA Production Award, Gold
– iF Communication Award

Weitere Corporate
Publishing-Projekte / *Further
Corporate publishing projects*:
– Buchreihe / *Book series*
  „Discover Steel" 2004–2007
– IdeenPark Buch / *book* 2009
– Mitarbeitermagazin /
  Staff magazine

What are you cooking up? There's plenty of fresh vanadium.

en / What flavour would you like your steel? How shall we cook it today? Not such irrelevant questions: there are a couple of thousand ways of preparing steel, almost all of which involve heating and mixing, so the cookery simile is a wholly valid one. (In fact "cooking steel" in German is the common colloquial expression.) This is the metaphor that elegantly underlies "The Big Steel Book", the third volume in the "Discover Steel" image book series published by ThyssenKrupp and edited and designed by häfelinger+wagner design. Over 180 pages the book looks at "ingredients, cooks and recipes" for steel. The chapter "Ingredients" discusses some of the complex chemical processes that go into making steel. The importance of these ingredients is highlighted in the fabric of the book itself: a spoonful of vanadium is embedded into the hardback cover, while the endpapers have been treated with other elements used as alloys.

The section on cooks allows some contemporary steelmakers and others to talk about their ideas on the future of steel, be it the Chinese artist and designer Lu Zhou, the architect Frank O. Gehry, or Martin Stratmann, director of the Max Planck Institute for Iron Research. The section also includes profiles of some of the ironmasters of the 19th century, including Alfred Krupp and August Thyssen, founders of the parent companies of the publisher. The final part of the book looks at recipes: the multifarious applications of steel in the modern world, from everyday objects (bicycle chains to boule bowls) to architecture and construction, the automotive and transport industries, medical technologies to industrial applications generally. This is a potent reminder of the ubiquity of steel in everyday life. The book concludes with a fold out spread of a laden dinner table and guests using steel tableware.

The central metaphor of cooking provides the reader with a way of navigating through what is quite often technical material without being alienated, but at the same time the storyline is kept sufficiently light not to appear either whimsical or insistent, while the high production values of the publication leave the importance of the subject matter in no doubt. The cookbook motif allows the designers to touch on a whole range of subjects and narratives while creating a coherent story, and the production, in its witty complexity, is proof of the maturity of the relationship between designer and client.

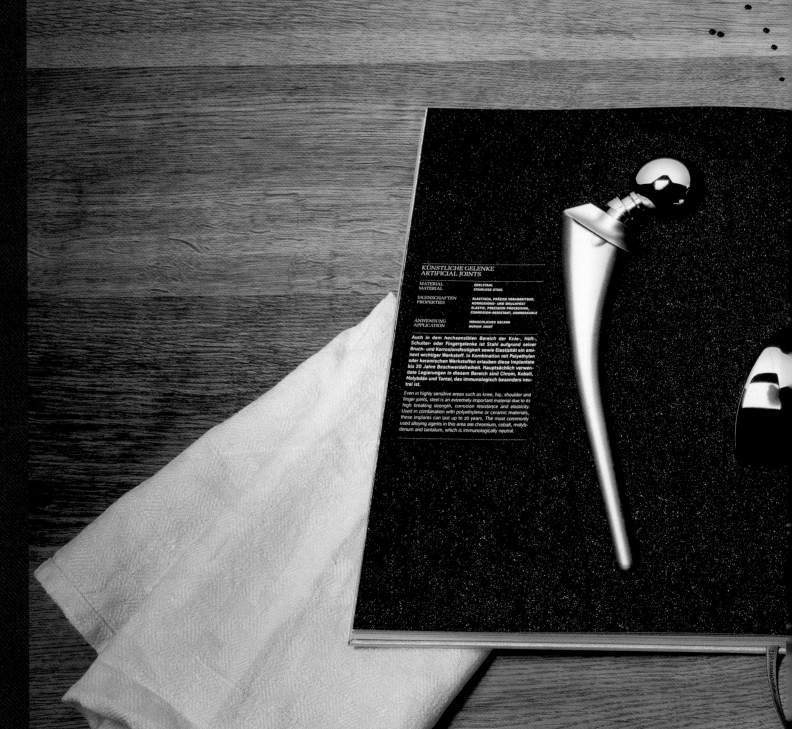

Kunde / Client: ThyssenKrupp
Projekt / Project: Imagebuch / Image book

KÜNSTLICHE GELENKE
ARTIFICIAL JOINTS

MATERIAL MATERIAL	EDELSTAHL STAINLESS STEEL
EIGENSCHAFTEN PROPERTIES	ELASTISCH, PRÄZISE VERARBEITBAR, KORROSIONS- UND BRUCHFEST ELASTIC, PRECISION PROCESSING, CORROSION-RESISTANT, UNBREAKABLE
ANWENDUNG APPLICATION	MENSCHLICHES GELENK HUMAN JOINT

Auch in dem hochsensiblen Bereich der Knie-, Hüft-,
Schulter- oder Fingergelenke ist Stahl aufgrund seiner
Bruch- und Korrosionsfestigkeit sowie Elastizität ein emi-
nent wichtiger Werkstoff. In Kombination mit Polyethylen
oder keramischen Werkstoffen erlauben diese Implantate
bis 20 Jahre Beschwerdefreiheit. Hauptsächlich verwen-
dete Legierungen in diesem Bereich sind Chrom, Kobalt,
Molybdän und Tantal, das immunologisch besonders neutral ist.

Even in highly sensitive areas such as knee, hip, shoulder and
finger joints, steel is an extremely important material due to its
high breaking strength, corrosion resistance and elasticity.
Used in combination with polyethylene or ceramic materials,
these implants can last up to 20 years. The most commonly
used alloying agents in this area are chromium, cobalt, molyb-
denum and tantalum, which is immunologically neutral.

KUNDE/CLIENT:
THYSSENKRUPP
PROJEKT/PROJECT:
IMAGEBUCH/IMAGE BOOK

WIE KÜMMERT MAN SICH MIT DER GLEICHEN SORGFALT UM EINEN ODER TAUSENDE PATIENTEN?

How does one care for one patient or thousands with the same concern?

Kunde / *Client:* Fresenius Medical Care
Projekt / *Project:* Geschäftsbericht / Annual report 2009

de / Medizinische Leistungen (egal, ob Diagnosen, Tests, Medikamente oder Behandlungen) sind ebenso individuell wie universell. Der Patient erwartet eine persönliche Reaktion seines Arztes oder Spezialisten, spezifisch auf seinen Fall zugeschnitten, sogar intim, während er gleichzeitig davon ausgeht, dass der Arzt stets die aktuellsten weltweiten Forschungsergebnisse zur Hand hat, die für genau seinen Fall zutreffen, und außerdem die Urteilskraft besitzt, die richtige Diagnose zu stellen. Für den Anbieter medizinischer Waren und Dienstleistungen für Ärzte, Krankenhäuser und Gesundheitsbehörden heißt das, man muss zeigen, dass einem der Druck bewusst ist, den das Verhältnis zwischen Arzt und Patient bedeutet, und ihn auf eine positive Weise nutzen: zeigen, dass man „in touch" ist.

Fresenius Medical Care betätigt sich vor allem im Bereich der Nierenkrankheiten und ihrer Behandlung, stellt Dialysegeräte her und betreibt Dialysestationen. Das Unternehmen ist aber nicht nur auf der Mikroebene des einzelnen Patienten tätig, der eine Maschine benötigt, sondern auch auf der Makroebene, indem es Gesundheitseinrichtungen in aller Welt über die Dialyseversorgung ihrer jeweiligen Bevölkerung berät.

Als Fresenius Medical Care häfelinger+wagner design bat, ihren Geschäftsbericht für 2009 zu gestalten, wollten sie den Aktionären und Stakeholdern, die den Bericht zu sehen bekommen würden, sowohl ihre weltweit führende Rolle in der Behandlung von Nierenkrankheiten vermitteln als auch ihr Interesse für und die Sorge um den einzelnen Patienten: global und persönlich. Die Lösung der Designagentur bestand im Wesentlichen darin, den Bericht in zwei Teile zu teilen und zwischen sie, verkehrt herum, das Magazin „Nähe" zu legen – „Nähe" war auch der Gesamttitel des Berichts. Diese Unterbrechung des Stroms finanzieller Informationen zeigte das menschliche Gesicht des Unternehmens und erinnerte den Leser so an die Werte, denen die Firma sich verpflichtet fühlt.

Das Magazin „Nähe" enthält fünf Artikel, von der Mikroebene – einem Bericht über den Amerikaner Shad Ireland, der trotz seines Nierenleidens mit dem Fahrrad quer durch die USA fuhr und am Triathlon Ironman teilnahm, um Geld für eine Dialyseklinik zusammenzubringen – bis zur Makroebene: über die Herausforderung, die chinesische Bevölkerung mit Möglichkeiten für Nierenbehandlungen zu versorgen. Es gibt Praxisberichte aus aller Welt und einen Blick in die Zukunft. Und auch wenn diese Berichte voller elegant präsentierter Zahlen und Fakten sind, liegt der Schwerpunkt hier doch auf dem Menschlichen, mit umfangreichen Portraits von Patienten und Betreuern.

Die Faser aus den Dialysa-
toren von Fresenius Medical
Care ist nicht nur entschei-
dend bei der Blutreinigung.
Bei der Entwicklung des Geschäftsberichtes 2009 werden
mit ihr auch kreative Artefakte erzeugt.
/
*The fibre from the Fresenius
Medical Care dialysers is
not only crucial in blood
purification. When designing
the 2009 annual report, it
was used to produce creative
artefacts.*

Kunde / *Client*: Fresenius Medical Care

Projekt / *Project*: Geschäftsbericht / *Annual report 2009* .

Kunde / *Client*: Fresenius Medical Care
Projekt / *Project*: Geschäftsbericht / *Annual report* 2009

Kunde / *Client*:
Fresenius Medical Care

Projekt / *Project*:
Geschäftsbericht / *Annual
report* 2009

Auszeichnungen / *Awards*:
– iF Communication Award
– red dot award

Weitere Projekte /
Further projects:
– Finanzkommunikation /
Financial communication
(Print, Online) seit / *since*
2006

Der Geschäftsbericht wirft auch einen vorsichtigen Blick in die Zukunft, und das Cover zeigt die Fasern, die für die Nierenfunktion so wichtig sind. An der Stelle, wo man ein Foto des Vorstandsvorsitzenden erwarten würde, findet sich das Porträt einer Sportpädagogin in Argentinien. Die Designagentur hat erfolgreich menschliche Geschichten mit den Businessdaten des Kunden verwoben, ohne Mission oder Zweck zu verwässern.

How does one care for one patient or thousands with the same concern?

en / The delivery of medical services (whether diagnoses, tests, medications or treatments) has become both micro and macro. The patient expects a personal response from his or her doctor or specialist, specific to the individual case, even intimate, while also assuming that the doctor has at her or his fingertips the most recent research information from across the globe pertinent to the patient's case together with the judgement necessary to devise the correct diagnosis. For the supplier of medical goods and services to the professionals — to physicians, clinics or government health agencies — the challenge is to show that one is aware of the pressure on the doctor/patient relationship and engaging with it in a positive way: showing that one is "in touch".

Fresenius Medical Care became closely associated with kidney disease and treatment, especially through dialysis. The company is involved too in kidney care not just at the micro level of individual patients requiring machines, but at the macro level of advising healthcare providers around the world on the provision of dialysis treatment to their client populations.

When Fresenius Medical Care asked häfelinger+wagner design to create their annual report for 2009, they wanted to bring home to the shareholders and stakeholders who would see the report both their central role in kidney treatment worldwide and their interest and concern for the individual patient: they were global and personal. The design agency solution was in effect to cut the annual report into two parts and insert between them, reversed, a copy of "In Touch" magazine — in touch being also the general title for the report. By interrupting the flow of financial information to present the human face of the company's activities, the reader is reminded of the wider values that the corporation subscribes to.

The "In Touch" magazine contains five articles, ranging from the micro - an account of how a kidney sufferer, the American Shad Ireland, became a cross-America cyclist and ironman triathlete to raise money for a dialysis clinic — to the macro — the challenges of providing kidney treatment services to the population of China. There are reports on practice around the world and views of the future. And while the report sections are full of elegantly presented figures and prose facts, the emphasis here changes to the human, with large portraits of patients and carers.

A hint of what is to come is given in the annual report where the cover shows the fibres that are so crucial to the kidney function, and in the expected place of the chairman's photograph is a portrait of a care worker in Argentina. The design agency has interwoven successfully the individual human stories and the business data of the client while showing both to be relevant to its mission and purpose.

Kunde / *Client:* Fresenius Medical Care
Projekt / *Project:* Geschäftsbericht / *Annual report 2009*

086

Titel des Unternehmens-
magazins zum
Geschäftsbericht 2009
/
*Title of the company
magazine published in
conjunction with the
2009 annual report*

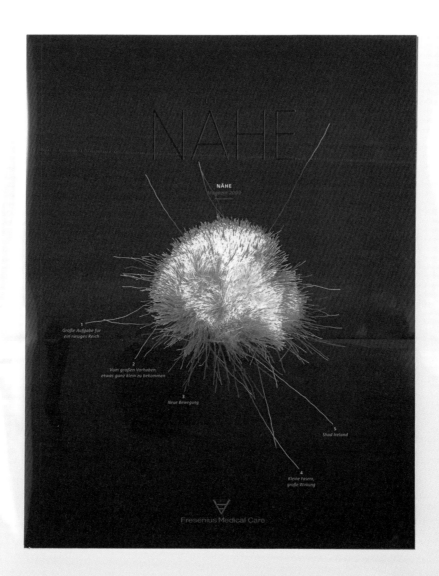

Mit fünf Reportagen werden
die weltweiten Aktivitäten von
Fresenius Medical Care doku-
mentiert.
/
*The worldwide activities of
Fresenius Medical Care were
documented by five reports.*

Kunde / *Client:* Fresenius Medical Care
Projekt / *Project:* Geschäftsbericht / *Annual report* 2009

Hier werden die Artefakte als illustrative Informations-grafik eingesetzt, um we-sentliche Fakten zur Dialyse anschaulich zu machen.
/
Artefacts are used here as illustrative, informative graphics to depict essential facts about dialysis.

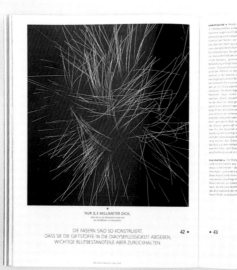

Es werden auch Dialysepatien-
ten in Argentinien gezeigt und
was Fresenius Medical Care
unternimmt, um sie in ihrer
Lebenssituation zu motivieren.
/
*Dialysis patients in Argentina
are also shown, in addition
to what Fresenius Medical Care
is undertaking to motivate
them in their life situation.*

NEUE
BEWEGUNG

REPORTAGE

Alles begann mit einem Gartenprojekt, bei dem Dialyse-patienten dazu angeleitet wurden, ihr eigenes Obst und Gemüse anzubauen. Ganz nebenbei lernten sie, wie gut das Gärtnern für Körper und Seele ist. Heute treiben Patienten in Argentinien sogar während der Dialyse Sport. Die Geschichte über ein Projekt, das viel(e) bewegt hat.

Gute Ideen sprechen für sich, so auch hier. Die Idee, um die es in dieser Geschichte geht, entstand im Sommer 2004 bei Fresenius Medical Care in Argentinien: In den unternehmenseigenen Kliniken sollte während der Dialyse ein Sporttraining angeboten werden. Kaum war die Idee geboren, machte sich das Team des Bereichs „Rehabilitation und Lebensqualität" schon an die Arbeit und startete einen Versuchsballon: Ein dreimonatiges Pilotprojekt wurde entwickelt und an zwei Kliniken, gemeinsam mit den jeweiligen Teams vor Ort, umgesetzt. Damit anschließend entschieden werden konnte, ob es sinnvoll ist, ein Sporttraining auch in anderen Kliniken anzubieten, und wie genau ein solches Angebot aussehen sollte, befragte das Projektteam die teilnehmenden Patienten und erhob Behandlungs- und Trainingsdaten.

EIN VERSUCH WIRD ZUM LANDESWEITEN PROJEKT
Für das Personal und die Patienten der beiden Kliniken stand bereits nach diesem Testlauf fest: Sie wollten nicht mit dem Training aufhören – dazu gefiel es ihnen einfach zu gut. Stattdessen sprachen sie sich dafür aus, den Testlauf auszuweiten. „Das war der Beginn der Initiative ‚Sport bei der Dialyse'", erklärt Marta Lugo, Leiterin des Projektteams, lächelnd. 18 Kliniken von

24 ◄   ►25

KUNDE/CLIENT:
FRESENIUS MEDICAL CARE
PROJEKT/PROJECT:
GESCHÄFTSBERICHT/
ANNUAL REPORT 2009

091

WOHIN FLIEGEN WIR ALS NÄCHSTES? HOFFENTLICH HOCH IN DIE WOLKEN.

Where do we fly to next? Up into the clouds, I hope.

Kunde / *Client:* Dornier Museum Friedrichshafen
Projekt / *Project:* Logo / Logotype

de / Claude Dornier war einer von Graf Zeppelins besten Ingenieuren und gründete 1910 sein eigenes Luftfahrtunternehmen. Der Pionier in Sachen Metallverkleidung als strukturellem Oberflächenelement von Flugzeugen und Pionier in Sachen Wasserflugzeuge baute in den folgenden 60 Jahren eine Reihe militärischer und ziviler Flugzeuge. Heute gehört Dornier zur EADS Aerospace Group und produziert die unterschiedlichsten Technologien. Bei einem Museum zu Ehren des Unternehmens musste der Traum vom Fliegen jedoch mitschwingen. Um der Öffentlichkeit den „Nachlass" Dorniers zugänglich zu machen, initiierte die Dornier Stiftung für Luft- und Raumfahrt ein Museum und lud häfelinger+wagner design ein, Logo und Branding zu entwickeln. Das Museum sollte in Friedrichshafen stehen, wo das Luftfahrtunternehmen gegründet wurde.

Beim Betrachten des Materials, aus dem man ein Logo entwickeln könnte, wurde schnell klar, dass es kein besonders ikonenhaftes Flugzeug von Dornier gab, das für die gesamte Marke und ihre Geschichte stehen kann (eher gab es zu viele). Aber was konnte visuell für die Erfahrung des Fliegens stehen? Wie wäre es, Wolken aus der Nähe zu zeigen? Das ist doch die gemeinsame Erfahrung von Pilot und Passagier, und sie steht ausschließlich für Flugreisen, ebenso wie das Kielwasser eines Schiffs, über die Heckreling betrachtet, für Schiffsreisen steht (ohne dass es so klischeebeladen wäre).

Eines der wichtigsten Anliegen des Museums ist, „Den Traum vom Fliegen" zu vermitteln, ein Gefühl, das der Anblick von Wolken aus der Nähe sicherlich erzeugt. Der untere Teil des Logos zeigt daher eine Wolkenformation, weiß auf blau, und die drei Zeilen des Namens werden durch eine perspektivische Darstellung über den Himmel getrieben, in dicken weißen Großbuchstaben auf Blau. In der Vollversion des Logos wird dies noch weitergedacht, denn hier ist der Himmel nicht statisch, sondern animiert. Die Wolken bewegen sich und ziehen über den gesamten Himmelsbereich (inklusive des Teils mit der Schrift, auch wenn einzelne Buchstaben dadurch kurzzeitig weiß werden). Das Ergebnis trifft den Kern der Dornier-Geschichte, ohne die naheliegenden Flugzeug-Klischees wie Flügel und Propeller zu benutzen.

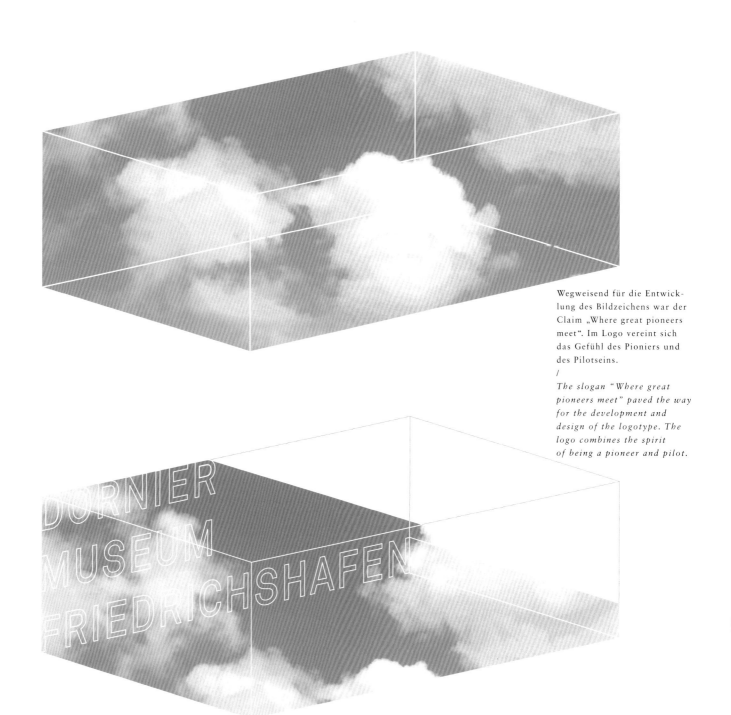

Wegweisend für die Entwicklung des Bildzeichens war der Claim „Where great pioneers meet". Im Logo vereint sich das Gefühl des Pioniers und des Pilotseins.
/
The slogan "Where great pioneers meet" paved the way for the development and design of the logotype. The logo combines the spirit of being a pioneer and pilot.

DORNIER
MUSEUM
FRIEDRICHSHAFEN

Kunde / *Client:* Dornier Museum Friedrichshafen
Projekt / *Project:* Logo / *Logotype*

DORNIER MUSEUM FRIEDRICHSH

Kunde / *Client:*
Dornier Museum
Friedrichshafen

Projekt / *Project:*
– Logo / *Logotype*
– Corporate Design

Jahr / *Year*: 2009

Auszeichnungen / *Awards:*
– Corporate Designpreis
– red dot award
– Type Directors Club,
  New York

Kunde / *Client:* Dornier Museum Friedrichshafen
Projekt / *Project:* Logo / *Logotype*

Kunde / *Client:* Dornier Museum Friedrichshafen
Projekt / *Project:* Logo / *Logotype*

098

Fliegen heißt, sich bewegen. In der Betrachtung des animierten Logos „fliegt" der Betrachter durch die Wolken.
/
Flying suggests movement. In observing the animated logotype, the observer "flies" through the clouds.

Where do we fly to next? Up into the clouds, I hope.

en / Claude Dornier was one of Count von Zeppelin's most gifted engineers, and he established his own aviation business in 1910. A pioneer of the use of metal sheeting as a structural surface element in aircraft, and of seaplane design, he created a range of military and civil aircraft over the next 60 years. Today Dornier is part of the EADS aerospace group, and is involved in a wide range of technological activities. However, a museum to celebrate the brand would have to focus on the dream of flying. To allow the public access to Dornier's "estate", the Dornier Foundation for Aeronautics initiated a museum and invited häfelinger+wagner design to create the logo and branding. The museum was to be in Friedrichshafen, where the original aeronautical company had been founded.

In looking at the material from which a logo might be devised, it became clear that there was no single iconic Dornier aircraft that would stand for the whole brand and its history (if anything there were too many). But what, the team wondered, might stand visually for the experience of flying? How about seeing clouds close up? That is, after all, the common experience of pilot and passenger, yet one that uniquely defines air travel, as the sight of a ship's wake over the stern rail defines travel by sea (without being such a cliché.)

One of the main aims of the museum is to evoke "the dream of flying", an emotion which the sight of clouds close up surely provokes. The lower part of the logo design is therefore a formal cloudscape, white on blue, while above it the three lines of type of the title are propelled forward by perspectival angling across the sky, in bold white capitals on blue. This is taken further in the full version of the logo, for here the sky is not static but animated. The cloud patterns move and shift across the whole sky area (including that occupied by the lettering, even if some letters are momentarily whited out). The result gets to the heart of the Dornier story while avoiding the obvious aeronautical clichés of wings and propellors.

WIE LIEST MAN EINE FOTOGRAFEN-WEBSEITE ANDERS ALS EINEN TEXT?

How do you read a photographic site as if it isn't a text one?

Kunde / *Client:* Erik Chmil Photography
Projekt / *Project:* Internetpräsenz / *Website*

de / Neue Technologien folgen alten Gepflogenheiten, bis sie ihre eigenen etablieren. Autos beispiels- weise folgten auf Pferd und Wagen (mit dem Fahrer links). Später sahen Webseiten aus wie Poster oder Zeitschriften, bis sich neue, webspezifische Konventionen ausbilden konnten. Daher wird oft immer noch von einer Webseite ausgegangen, nicht von einem Bildschirm, was bedeutet, dass sie von oben nach unten und von links nach rechts zu lesen ist. In vielen Fällen macht das nichts – irgendwo muss der Leser ja anfangen. Aber man stelle sich eine Webseite vor, auf der vor allem einzelne Bilder präsentiert werden und der Betrachter nicht immer zuerst in die obere linke Ecke schaut: man möchte vielmehr, dass er auf den ersten Blick einen Gesamteindruck bekommt, der sich aus der Dynamik des Bildes selbst ergibt, nicht aus der Logik eines Textes.

Das war die Herausforderung, vor der häfelinger+wagner design stand, als sie eine Internetpräsenz für den international renommierten Fotografen Erik Chmil entwickeln sollten. Wie lässt man die Bilder für sich sprechen, ohne ihnen eine fremde Logik aufzuzwingen? Immerhin spricht der Fotograf seit Jahren davon, „neue Bildsprachen zu schaffen".

Auf der Webseite (*erik-chmil.de*) erscheint in der Mitte des Bildschirms ein grauer Kreis und die Aufforderung „keep left mouse button pressed". Wenn man an diesem Kreis entlang navigiert, erscheint eine Reihe von Überschriften und Thumbnails – „transportation", „architecture", „where to park" und so weiter. Jeder Thumbnail führt zu einer Reihe weiterer Seiten – das Bild mitten auf dem Schirm und der Text an den Rändern. Die Seiten „contact" und „home" liegen nebeneinander, zufällig auf 9.50 Uhr oder Westnordwest oder 310° (suchen Sie sich eine Metapher aus, keine davon ist verbindlich) und nicht, wie man es bei textbasierten Konventionen erwarten würde, um 12.00 Uhr, 0° oder Nord. Tatsächlich ist auf den Seiten so wenig Text wie möglich, um so wenig wie möglich von der Üppigkeit der Bilder abzulenken.

Idee und Anspruch dieser Internetpräsenz waren simpel:
Wie kann etwas Kompliziertes auch einfach werden?
/
The idea and vision of this website were simple. How can something complicated be made easy?

chmil.

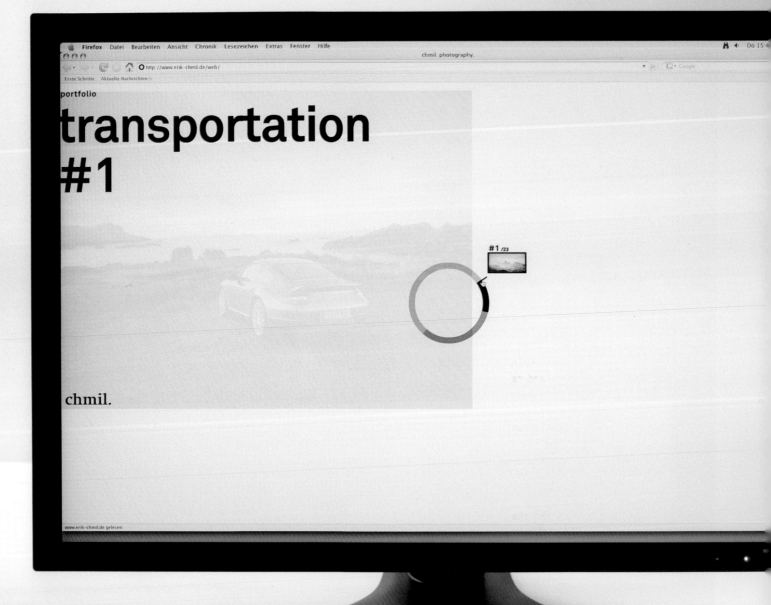

Kunde / *Client:* Erik Chmil Photography
Projekt / *Project:* Internetpräsenz / *Website*

Kunde / *Client:*
Erik Chmil Photography

Projekt / *Project:*
Internetpräsenz / *Website*

Jahr / *Year*: 2009

Auszeichnungen / *Awards:*
– Annual Multimedia Award
– DDC, Silber
– iF Communication Award
– red dot award

Weitere Projekte / *Further projects:*
– Logo / *Logotype* 2005
– Corporate Design 2005
– Imageportfolio / *Image
   portfolio* 2005

How do you read a photographic site as if it isn't a text one?

en / New technologies borrow old conventions, until they can set up their own. Motor cars followed the horse and carriage (with the driver on the right) for example. And later on web pages looked very much like posters or magazine pages or whatever, until new, web-specific conventions could emerge. But a lot of conventions assume that it is a web page not a web screen, that is to say it is to be read top to bottom and left to right. In a lot of cases this did not matter — the reader has to start somewhere. But imagine a website whose content is primarily individual images, and it is not always the case that the viewer starts looking in the top left hand corner: rather one wants him or her to get a general view of the whole in an instant, a first impression which will be developed according to the dynamics of this image itself, not the logics of a text.

This was the challenge to which häfelinger+wagner design responded in creating a website for the internationally renowned photographer Erik Chmil. How to let the images tell their stories first, without superimposing an alien logic. Given that the photographer has been talking for some years about "creating new picture languages" this is a wholly appropriate response.

Log on to the site (*erik-chmil.de*) and a grey circle appears in the middle of the screen with the message "keep left mouse button pressed". Navigate around the circle and a series of header titles and thumbnail images appear — "transportation", "architecture", "where to park", and so on. Each thumbnail leads into a series of others, the image central to the screen and the text banished to the borders. "Contact" and the "home" page are next to each other, as it happens at 9.50 or west north west or 310 degrees (you can choose your own metaphor as none is mandated) and not, as one might expect from a word-based convention, at noon, 0 degrees or north. Indeed such typography as there is an absolutely minimal, so as to detract minimally from the luxuriance and rich content of the images.

Navigation entgegen aller
üblichen Umsetzungen und
doch völlig einfach: Alle
Inhalte sind entlang des Krei-
ses aufgereiht und per Maus
anzuwählen.
/
*Navigation contrary to all
customary practices, yet
completely simple. The
entire contents are lined up
along the circle and click-
able by mouse.*

Kunde / *Client:* Erik Chmil Photography
Projekt / *Project:* Internetpräsenz / *Website*

chmil.

www.erik-chmil.de gelesen

Kunde / *Client:* Erik Chmil Photography
Projekt / *Project:* Internetpräsenz / *Website*

110

 #23
/landscape

Kunde / Client: Erik Chmil Photography
Projekt / Project: Internetpräsenz / Website

download /300kb

chmil.

Übertrage Daten von www.erik-chmil.de...

KUNDE/CLIENT:
ERIK CHMIL PHOTOGRAPHY
PROJEKT/PROJECT:
INTERNETPRÄSENZ/WEBSITE

HABEN SIE ETWA NOCH KEINEN PARMESAN MIT PÂTÉ DE FOIE GRAS PROBIERT?

You mean you haven't tried Parmesan with pâté de foie gras before?

Kunde / Client: Joachim Wissler Group
Projekt / Project: Kochbuch / Cookbook

de / Das Hotel Schloss Bensberg bei Köln hat drei Michelinsterne für sein Restaurant Vendôme; beziehungs- weise sein Koch, Joachim Wissler. Trotz dieser und vieler weiterer Auszeichnungen beschloss er 2008, seine Speisekarte komplett umzustellen und ersetzte das klassische Sieben-Gänge-Menü durch eine Fülle kleiner Gänge (acht bis 20, ohne Desserts). Das Kochbuch, das er 2010 veröffentlichte, feiert die neue Speisekarte. häfelinger+wagner design wurde nicht nur mit der grafischen Gestaltung des Buchs beauftragt, sondern auch mit einem Corporate Design für den Koch. Sein Logo, die Initialen JW in bronzefarbener, langgezogener Trajan, erscheint prominent auf dem Buchcover.

Ein oberflächlicher Blick in den Inhalt könnte den Eindruck vermitteln, es handle sich um ein normales Kochbuch mit nach Jahreszeiten sortierten Menüs. Aber tatsächlich geht das Buch viel weiter. Es erzählt die Geschichte der neuen Speisekarte sowohl im Hinblick auf eine neue Vorstellung vom Kochen, die Wissler und andere als Neue Regionale Küche bezeichnen, als auch im Hinblick auf die Zusammen- arbeit zwischen dem Koch, dem Restaurantleiter Miguel Calero und ihren Kollegen, die die Rezepte und Menüs entwickelt haben. Und es erklärt die Logik und die Entscheidungen hinter den Zusammensetzungen einzelner Gerichte auf der Speisekarte ebenso wie die Struktur der Menüs: Wenn jedes Gericht aus vier oder mehr Zutaten besteht, hat ein komplettes Zwölf-Gänge-Menü insgesamt über 50 Bestandteile, von denen viele einzeln zubereitet werden. Der neue Ansatz liegt in der Kombination wie auch in der Zubereitung – diese beiden Kernpunkte herauszuarbeiten, ist das Thema des Buchs. Ein Teil der Heraus- forderung für die Designer lag darin, verschiedene Text- und Kontextebenen zu entwickeln, auf denen diese Merkmale Platz haben und die eine Grundlage für die Bildelemente schaffen.

Der Leser wird also nicht nur in der Lage sein, eine schlichte visuelle und kulinarische Köstlichkeit wie beispielsweise „Coralle Parmesan/Foie gras/Basilikum-Pistou" zuzubereiten, sondern er wird auch verstehen, warum eine so ungewöhnliche, sogar unwahrscheinliche Kombination von Zutaten zusammen funktionieren kann und soll. Oder im Falle von „Juvenilferkel/Liebstöckel/Boudin Noir/Ligurische Berglinsen" – vielleicht eine naheliegendere Zusammenstellung – würdigen zu lernen, warum das Ferkel aus der Region den besonderen Geschmack der ligurischen Linsen benötigt, um seinen Eigengeschmack richtig zur Geltung zu bringen. Die Herausforderung für die Designer lag darin, zu vermitteln wie komplex individuelle Entdeckungen sind, welche Chancen in dieser neuen Vision liegen und was sich optisch Erstaunliches machen lässt. Erreicht wird das durch vorsichtige Änderungen in der Dichte der Bilder, den Einsatz von Stimmungsbildern und ein aufgeräumtes Seitenlayout. Aber was die Designer hier vor allem zeigen, ist ihre Fähigkeit, eine ganze Reihe individueller Geschichten zu einem über- zeugenden Ganzen zusammenzufügen.

Joachim Wissler ist Kern der damit geschaffenen Marke Joachim Wissler Group. Das Kochbuch JW4 ist ein eindrucksvoller Anfang.
/
Joachim Wissler is the very essence of the Joachim Wissler Group brand. The JW4 cookbook is an impressive start.

JOACHIM WISSLER
RESTAURANT VENDÔME

JW

4

Kunde / *Client*:
Joachim Wissler Group

Projekt / *Project*:
Kochbuch / *Cookbook*

Jahr / *Year*:
2010

Auszeichnungen / *Awards*:
red dot award

Weitere Projekte / *Further projects*:
– Logo / *Logotype*
– Corporate Design

You mean you haven't tried Parmesan with pâté de foie gras before?

en / The Hotel Schloss Bensberg near Cologne has three Michelin stars for its Vendôme restaurant: or rather the chef, Joachim Wissler. Despite these and many other accolades, he decided in 2008 to completely revise his menus, substituting a myriad of small courses (eight to twenty, excluding desserts) in place of a traditional seven course structure. The cookbook he published in 2010 celebrates the new menu: häfelinger+wagner design was invited not only to create the graphic design for the book but to create a corporate design for the chef. This, consisting of the initials JW in bronzed, elongated Trajan, appears prominently on the cover of the book.

A superficial glance at the contents might give the impression that this is a traditional cookbook, with menus organised by the season. In fact the book goes much further. It tells the story of how the new menu came about, both in terms of a new approach to cooking, which Wissler and others have characterised as New German Cuisine, and in terms of the co-operation between the chef, Miguel Calero, the maître d'hotel, and their colleagues in evolving the menus and recipes themselves. And it explains the logics and choices behind the composition of individual items on the menus and the structure of the menus themselves: with each menu items comprising perhaps four or more ingredients, a complete 12 course meal will involve some 50 ingredients altogether, often prepared separately. It is the combination as well as the preparation that lies at the heart of the new approach. Working these out and getting them right is the subject the book explores: part of the challenge for the designers was to develop different content and text levels to accomodate these distinctions, as well as a basis for the use of pictorial content.

So the reader will not merely discover how to create a minor visual and gastronomic delight such as "coral / parmesan / foie gras / basil pistou", for example, but also be enable to understand why such an unusual, even unlikely, combination of ingredients can and should work together. Or in the case of "Juvelin suckling pig / lovage / boudin noir / Ligurian mountain lentils" – perhaps a more comprehensible mélange – to appreciate why the local suckling pig needs the specific taste of lentils from Liguria to set off its special taste. The challenge for the designers was to convey the complexity of individual discovery, the opportunity offered by a new vision and to show their transformation into visually astonishing results. This is achieved by careful changes of pace in the density of illustration, the use of mood images and an uncluttered page layout. But, above all, what the designers show is their ability to merge a whole range of individual stories into a convincing whole.

4.01

SALATFELD

[Pumpernickel : Spargel : Jabugo Bellota-Schinken]

ROYALE
[Taschenkrebs | Gänseleber | Minze]

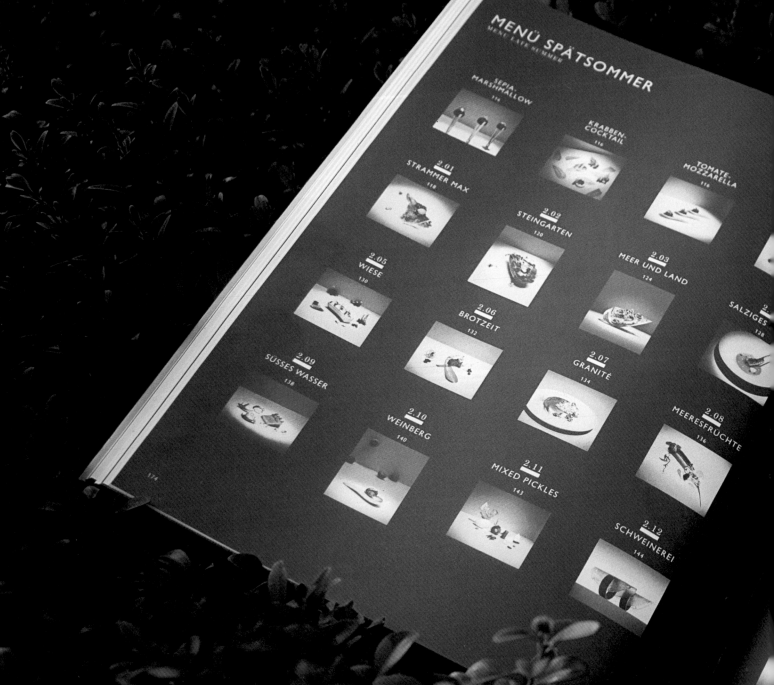

MENÜ SPÄTSOMMER
MENU LATE SUMMER

SEPIA-
MARSHMALLOW
116

KRABBEN-
COCKTAIL
116

TOMATE-
MOZZARELLA
116

2.01
STRAMMER MAX
118

2.02
STEINGARTEN
120

2.03
MEER UND LAND
124

2.05
WIESE
130

2.06
BROTZEIT
132

2.07
GRANITÉ
134

SALZIGES
128

2.09
SÜSSES WASSER
138

2.10
WEINBERG
140

2.08
MEERESFRÜCHTE
136

2.11
MIXED PICKLES
143

2.12
SCHWEINEREI
144

174

DIE ESSENZ DES
SOMMERS VERBLÜHT
IM RAUSCH
SEINER VIELFALT.
THE ESSENCE OF SUMMER BLOSSOMS
WITH ITS HEADY VARIETY.

2

MENÜ

MENU

Kunde / Client: Joachim Wissler Group
Projekt / Project: Kochbuch / Cookbook

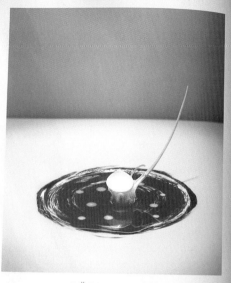

RÜCKENMARK

[Thunfisch Yuzu Kokos]

10

NEULAND UNSER LIEFERANT HAT UNS VOR EINIGER ZEIT EINE GANZE RÜCKENGRÄTE VON EINEM 80-KILO-
GRAMM-THUNFISCH MITGEBRACHT. MIT EINIGER MÜHE HABEN WIR DAS MARK HERAUSGELÖST. GENAU GENOMMEN
HANDELT ES SICH UM DIE BANDSCHEIBEN. MAN DARF SIE NUR LEICHT ERWÄRMEN, SONST ZERFALLEN SIE.
SIE HABEN EINEN KLAREN, STAHLIGEN THUN-GESCHMACK. OHNE FISCHIG ZU SEIN UND FÜHLEN SICH IM
MUND AN WIE WARMES RINDERMARK.

New Frontier A while ago our fish supplier brought us the spine of an 80-kilogram tuna. It took a lot
of work to extract pieces of marrow. In fact they are the spinal discs. You must be very careful when
heating them; they come apart very easily. With a strong, steely taste when you chew them they feel like
warm beef marrow.

330

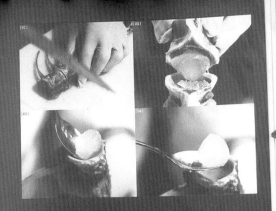

[01–04] Die THUNFISCHGRÄTE wird an den Übergängen der einzelnen Wirbel behutsam
angesägt und aufgebrochen. Das zum Vorschein kommende durchsichtige Gel-Kissen
ist eigentlich eine Art BANDSCHEIBE DES TIERES.

[01–04] The BACKBONE OF THE TUNA is carefully sawed open at the joint between the individual bones and then broken apart. The transparent gel pod that appears is actually a sort of
VERTEBRA OF THE ANIMAL.

331

KUNDE/CLIENT:
JOACHIM WISSLER GROUP
PROJEKT/PROJECT:
KOCHBUCH/COOKBOOK

123

ART PROJECTS BY HWDESIGN

de / DIE BLAUE STUNDE
en / THE BLUE HOUR

HWDESIGN ART PROJECT #2

ART PROJECTS
BY
HWDESIGN

de / Hier geht es nicht um persönliche Vorlieben und Geschmäcker der Chefs und Angestellten oder darum, „kulturelles Interesse" zu zeigen. Eher darum, die Rolle einer Designagentur nicht nur in der Befriedigung von Kundenbedürfnissen zu sehen, sondern in einem größeren sozialen Zusammenhang. häfelinger+wagner design bekennt sich dazu, dass Design Teil des kulturellen Nährbodens ist ebenso wie des sozialen und des ökonomischen. Unter den zahlreichen Designpreisen, die häfelinger+wagner design im Laufe der Jahre in Deutschland und international gewonnen hat, sind die für die Blaue Stunde insofern angemessen, als dort kein gestalterischer Output ausgezeichnet wurde, sondern die Strategie und Innovationskraft hinter dem gesamten Event. Die Stärke von häfelinger+wagner design liegt in der Kombination von Strategie und Durchführung, darin, dass sie über das unmittelbare Briefing hinaus die größeren Herausforderungen und Möglichkeiten in der narrativen Struktur eines Unternehmens sehen. Dort ist ihr Eingreifen von Nutzen.

en / It is not just a matter of the personal interests and tastes of the directors and employees, or of being "culture-conscious." It is more about seeing the role of a design agency as not just meeting client's needs but as part of a wider social framework. It is a way of acknowledging that design is part of the cultural matrix as well as the social and economic. For example, among the dozens of design awards, in Germany and internationally, that häfelinger+wagner design have won over the years, those for the blue hour have a certain appropriateness, in that there was no "design output" to reward, rather the awards celebrated the strategy and innovation behind the event as a whole. häfelinger+wagner design's strength has lain in its combination of strategy and performance, being able to see beyond the immediate call of a brief to the wider challenges and opportunities in a company's narrative structure where their intervention will be of use.

WAS SOLL DAS HEISSEN –
PAPIER HAT
DREI DIMENSIONEN?

*How can you visualise a metamorphosis
on two-dimensional paper?*

Kunde / *Client:* häfelinger + wagner design
Projekt / *Project:* Die Blaue Stunde / *The blue hour*

128

de / Die Dämmerung oder Blaue Stunde ist ein poetischer Augenblick der Reflexion, eine Zeit für besondere Bilder, vor allem landschaftliche (und außerdem eine Zeit des Ungewissen, Undefinierbaren, Unorthodoxen; daher kommt auch z.B. der Titel von Andreas Herders Film „Die Blaue Stunde"). Aber vor allem ist es eine Zeit des Übergangs, der Veränderung.

häfelinger+wagner design nutzte die Blaue Stunde als Metapher für eine Kooperationsveranstaltung mit der Papier- und Druckindustrie. Im Fokus stand der Mehrwert einer hochwertigen Produktionskette von Gestaltung, Papier und Printproduktion. Sowohl das Einladungsplakat als auch die Veranstaltung selbst standen ganz im Zeichen der Transformation.

Das Event selbst kann als Metapher für die Entwicklung von häfelinger+wagner design gelesen werden. Zunächst im weiteren Sinne, weil die Agentur immer offen ist für neue Ideen und Entdeckungen, und zum zweiten, was vielleicht interessanter ist, im Sinne ihrer eigenen Geschichte, in deren Verlauf sie ihrer ursprünglichen Konzentration auf rein zweidimensionale grafische Arbeit die dritte Dimension hinzufügten und Messestände und Webseiten gestalteten oder Events wie den IdeenPark organisierten. Das beweist – falls es noch eines Beweises bedurft hätte –, dass die Definition einer Designagentur nicht in ihren Fähigkeiten liegt, sondern in ihren Kompetenzen.

Am Anfang stand die Frage:
Wie kann man die kreativen
Möglichkeiten von Papier
neu zeigen? Das geht nur
über das Experimentieren mit
dem Material.
/
*In the beginning was the
question: How can we show
the creative possibilities
of paper in a new way? The
answer: only by experi-
menting with the material.*

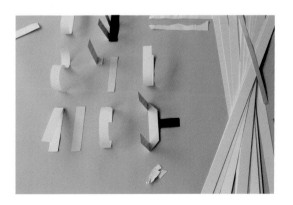

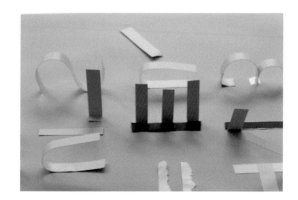

Kooperation / *Cooperation*:
– häfelinger + wagner design
– Deutsche Papier
– Büttenpapierfabrik Gmund
– FOAG & Lemkau

Projekt / *Project*:
Informations- und Kommunika-
tionsveranstaltung / *Information
and communication event*

Projektname / *Project name*:
Die Blaue Stunde / *The blue hour*

Jahr / *Year*:
2009

Ort / *Place*:
häfelinger + wagner design
München / Munich

Besucher / *Visitors*:
200

Zeitraum / *Period*:
Abendveranstaltung /
Evening event

Auszeichnungen / *Awards*:
– ADC Deutschland
– Die 100 besten Plakate
– Graphis Poster Annual
– iF Communication Award
– red dot award
– Type Directors Club Award,
  New York

How can you visualise a metamorphosis on two-dimensional paper?

en / Twilight (the blue hour in German) is a poetic moment for reflection, a time for special images, especially of landscape (it is also a moment for the indistinct, the unclassified, the unorthodox, thus it's use for Andreas Herder's film.) But it is above all a time of transition, of change.

häfelinger+wagner design used the blue hour as a metaphor for a cooperation event with the paper and print industry. Its focus was the additional benefit of a high-quality production chain of design, paper and print production. The motto "transformation" provided the inspiration for both the invitation poster and the event itself.

The event itself can be read as a metaphor for the development of häfelinger+wagner design. Firstly, in the wider sense, of the agency always being open to new ideas and to making discoveries, but secondly, and more interestingly perhaps, in terms of their own storyline, moving from an initial concentration on purely two-dimensional graphic work to the addition of three-dimensional design for fairs, for web design and for event organisation with major projects such as IdeasPark. Proof, if it were needed, that the definition of a design company is not in its skills but in its competences.

Kunde / *Client:* häfelinger + wagner design
Projekt / *Project:* Die Blaue Stunde / *The blue hour*

Der Titel der Plakate ist zu lesen, indem – in Anlehnung an die Blaue Stunde – seitlich Licht auf die Papierstreifen fällt und damit aus Papier und Schatten Buchstaben werden.
/
With reference to the blue hour, the title of the poster becomes legible by light falling at an angle onto the paper strips, creating letters from the shadows cast onto the paper.

Am Abend des 23. Juli 2009
kamen auf Einladung rund
200 Gäste nach München in
die Türkenstraße und er-
lebten neben Vorträgen einen
inspirierenden Austausch.
/
*On the evening of the
23 July 2009, around
200 invited guests arrived
in Munich in the Türken-
strasse and experienced an
inspiring exchange along-
side lectures.*

Kunde / *Client:* häfelinger + wagner design
Projekt / *Project: Die Blaue Stunde / The blue hour*

KUNDE/CLIENT:
HWDESIGN
PROJEKT/PROJECT:
DIE BLAUE STUNDE/
THE BLUE HOUR

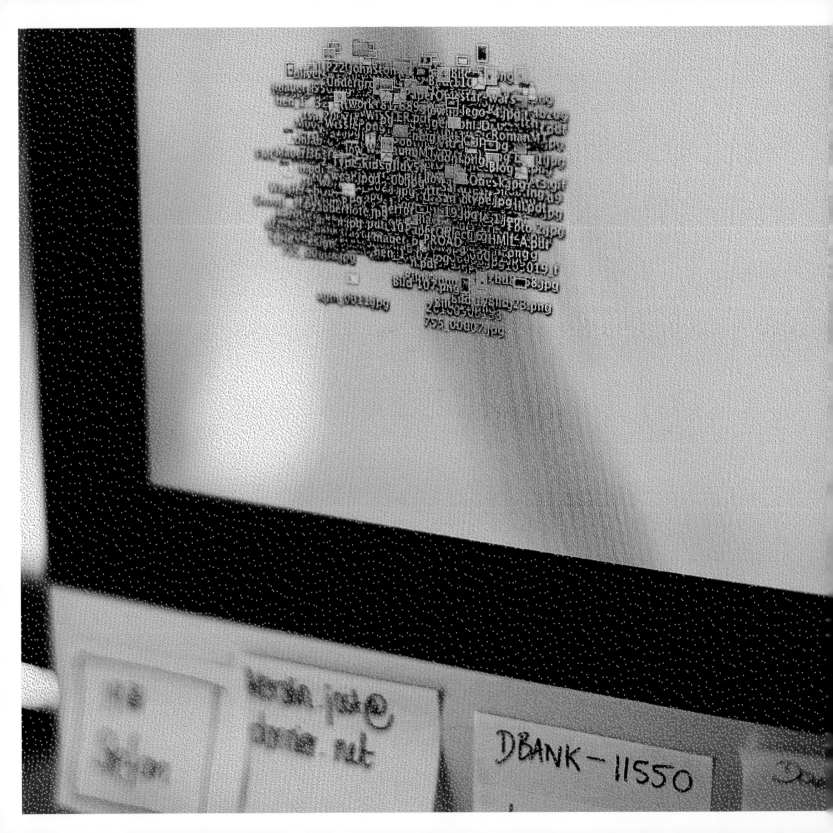

ERWEISEN SIE MIR DIE EHRE DIESES TANZES?

May I have the pleasure of this dance with you?

Kunde / *Client:* häfelinger + wagner design
Projekt / *Project:* hwdesign art project #2

de / Im neunzehnten Jahrhundert beschrieb der Begriff Mauerblümchen im Deutschen wie im Englischen eine Dame, die für einen Tanz aussetzte, weil sie keinen Partner hatte. Für die Basler Künstlerin Gabrielle Voisard beschreibt der Begriff den Inhalt ihres Inventars minimalistischer Interventionen in einem Kunstbuch, das häfelinger+wagner design 2009 herausgab. Alltagsgegenstände werden durch Nebeneinanderstellung und kleine Veränderungen in ein Kuriositätenkabinett verwandelt: zwei rote Plastiklöffel im Maul eines passenden Trichters, ein aufblasbarer rosa Reifen auf einer Plastikdose, eine rote Fußpumpe, die zu einem unmöglichen knallroten Iglu wird (die Farbe spielt eine wichtige Rolle in diesen Interventionen). Die Ergebnisse sind oft gewitzt, manchmal verstörend, immer bemerkenswert.

Voisards Verwendung von Alltagsgegenständen steht in einer langen künstlerischen Tradition: immerhin hat schon Alfred Stieglitz Marcel Duchamps „Fountain" fotografiert. Was sie der Mischung hinzufügt, ist eine neue Rolle für die Farbe und ein absurdes oder spielerisches Element, vollkommen im Sinne Duchamps.

May I have the pleasure of this dance with you?

en / In the nineteenth century, in German and in English, the term wallflower described a lady who sat out a dance for want of a partner. For the Basel-based artist Gabrielle Voisard it is a term for the contents of her inventory of minimalist interventions in an art book published by häfelinger+wagner design in 2009. Everyday objects are transformed into a cabinet of curiosities by juxtaposition and change: two red plastic spoons in the mouth of a matching funnel, a pink inflatable ring surmounting a plastic jar, a red foot pump that becomes an impossible crimson igloo (colour plays a key role in these interventions). The results are often witty, sometimes disturbing, always remarkable.

Voisard's use of images of everyday objects sits in a long artistic tradition: it was Stieglitz that photographed "Fountain" after all. What she adds to the mixture is a new role for colour and a ludic or playful element of adjuncture and addition that is entirely in the Duchamp spirit.

Kooperation / *Cooperation*:
häfelinger + wagner design
mit Künstlerin / *with artist*
Gabrielle Voisard

Projekt / *Project*:
hwdesign art project #2

Jahr / *Year*:
2009

Auszeichnungen / *Awards*:
– Type Directors Club Award,
  New York
– Berliner Type
– red dot award
– ADC Deutschland

Erstes / *First* hwdesign art project:
art project #1, Künstler / *artist*
Oliver Godow

139

Kunde / *Client:* häfelinger + wagner design
Projekt / *Project:* hwdesign art project #2

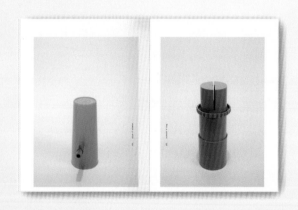

Gebrauchte Alltagsgegen-
stände wurden von Gabrielle
Voisard zu Kunstobjekten
zusammengefügt.
/
*Used, everyday objects
were assembled by Gabrielle
Voisard to create works of
art.*

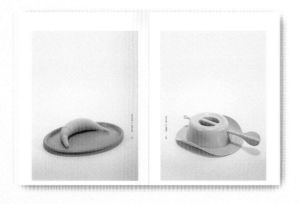

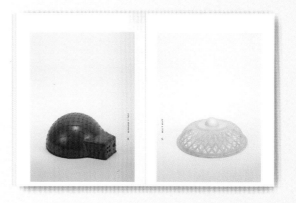

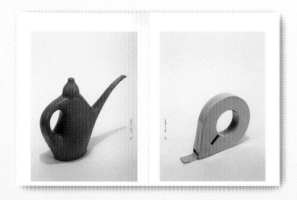

Das Bindungskonzept interpretiert den künstlerischen Prozess: zwei unterschiedliche Teile – gleich nur in der äußeren Erscheinung – wurden zu einem Objekt zusammengefügt.
/
The concept of combining is an interpretation of the artistic process: two different parts – similar only in their outward appearance – were joined together to create one object.

Kunde / *Client:* häfelinger + wagner design
Projekt / *Project:* hwdesign art project #2

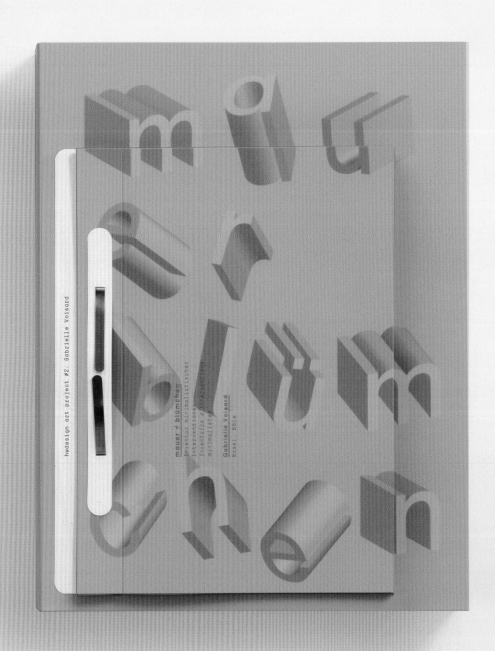

Die Verpackung – aus dem Vorprozess bedrucktes Makulaturpapier – interpretiert den künstlerischen Prozess zum zweiten Mal: Gebrauchte Dinge werden entgegen ihrer ursprünglichen Gebrauchsintention eingesetzt.
/
The packaging – waste paper printed in a prior process – is a second interpretation of the artistic process: used objects are utilized contrary to their original intended use.

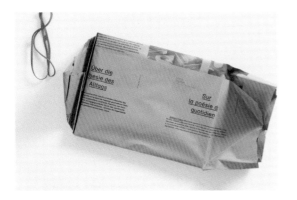

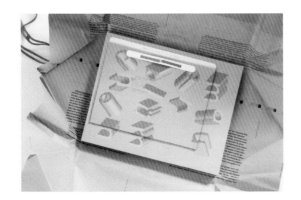

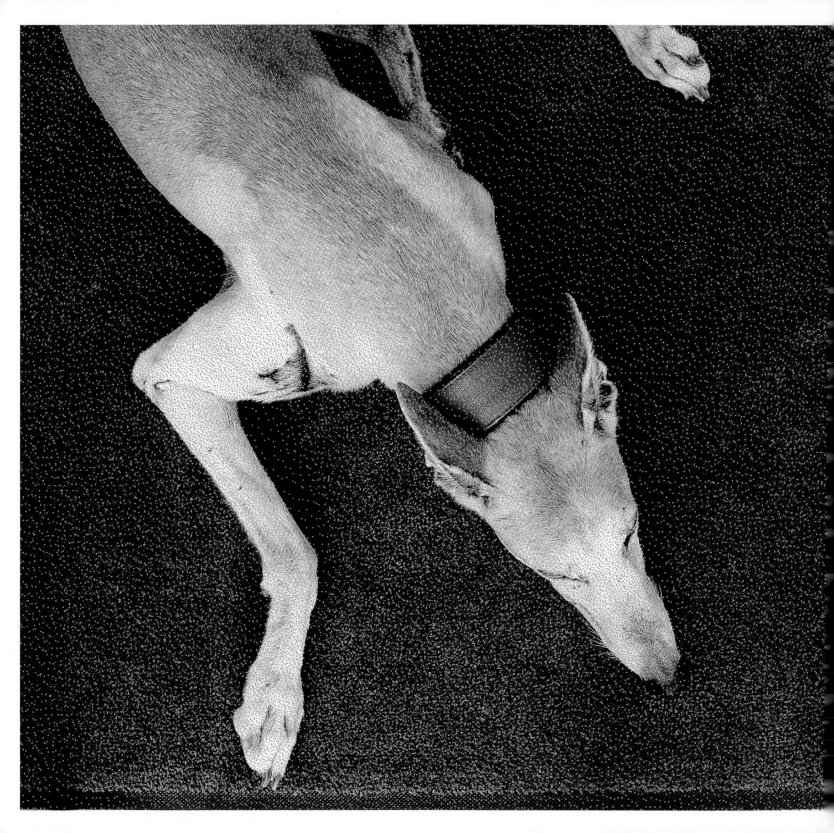

NOTIZEN ZU HWDESIGN

NOTES
ON
HWDESIGN

de /
INTERDISZIPLINÄRE KOMPETENZEN/
en /
INTERDISCIPLINARY COMPETENCES

de /

Disziplinübergreifend entwickeln.

Bei der Wirkung von Kommunikation geht es um Glaubwürdigkeit. Durch die Komplexität der Aufgaben wird Glaubwürdigkeit erst erreicht, wenn verschiedene Disziplinen integriert zusammenspielen und aufeinander aufbauen.

Bei häfelinger+wagner design steht im Kern aller Disziplinen eine visuell und strategisch maßgebende Idee, welche medienspezifisch unter übergreifender Projektführung konzipiert und realisiert wird.

So umgesetzt entfalten die Lösungen eine eigene Qualität.

Sie sind konsequent, wirken authentisch und vermitteln Identität. Eine Identität, welche die Persönlichkeit eines Unternehmens oder einer Marke deutlich macht, die glaubwürdig ist, zu Identifizierung führt und fasziniert.

hwdesign
Kompetenzbereiche.

Die Kompetenzen von häfelinger+wagner design gliedern sich in die vier Bereiche Corporate Design, Corporate Branding, Corporate Architecture und Interactive Communication.

Je nach Aufgabenstellung eines Projektes spielen bisweilen auch alle vier Bereiche eine Rolle.

Der Radar ist eine visuelle Darstellung zur jeweiligen Projektcharakteristik.

en /

Cross-disciplinary design.

In the value of communication, credibility is what counts. Through the complexity of the assignments, credibility is only achieved when various disciplines merge and build on each other.

At häfelinger+wagner design, a visually and strategically predominant idea forms the core of all disciplines, which is produced and realised with a media-specific approach under an all-encompassing project management.

When realised in this way, the solutions develop a quality of their own.

They are consistent, convey a sense of authenticity and communicate identity. An identity which conveys the personality of a company or brand, which is believable, which ensures identification and which fascinates.

hwdesign's
areas of competence.

The four main areas of competence of häfelinger+wagner design are corporate design, corporate branding, corporate architecture and interactive communication.

Depending on the definition of a project, all four areas also occasionally play a role.

The radar is a visual display for each particular characteristic of the project.

4

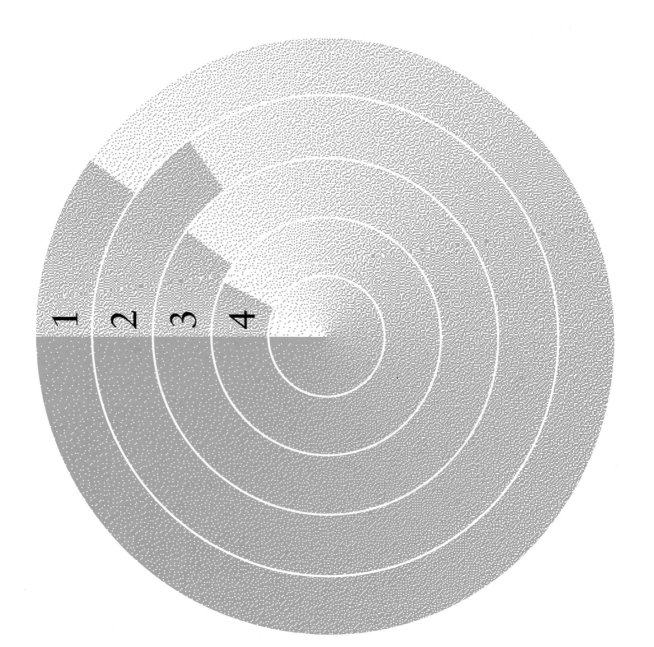

Vier Leistungsbereiche / *Four core areas of competence:*
Corporate Design / Corporate Branding / Corporate Architecture /
Interactive Communication

1
2
3
4

153

Vier Leistungsbereiche / *Four core areas of competence:*
Corporate Design / Corporate Branding / Corporate Architecture /
Interactive Communication

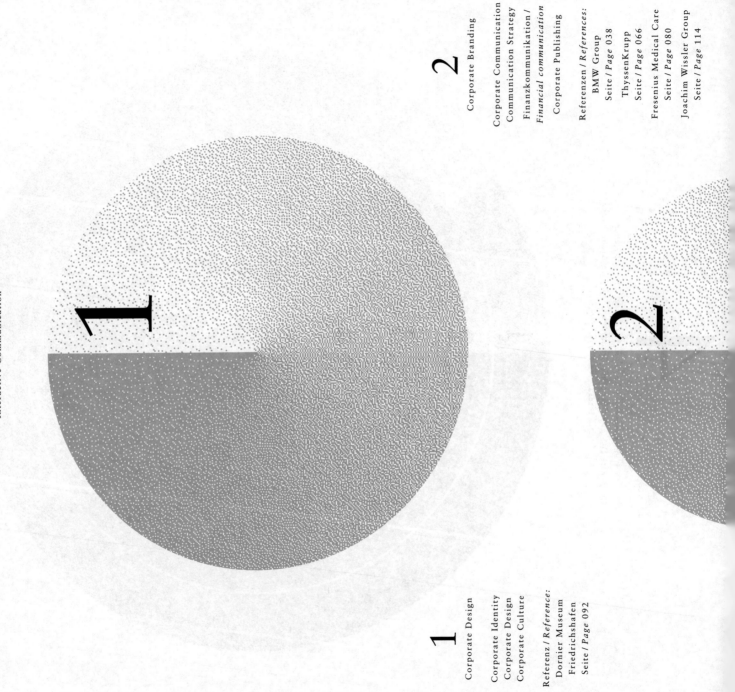

1

1

Corporate Design

Corporate Identity
Corporate Design
Corporate Culture

Referenz / Reference:
Dornier Museum
Friedrichshafen
Seite / *Page 092*

2

2

Corporate Branding

Corporate Communication
Communication Strategy
Finanzkommunikation /
Financial communication
Corporate Publishing

Referenzen / References:
BMW Group
Seite / *Page 038*
ThyssenKrupp
Seite / *Page 066*
Fresenius Medical Care
Seite / *Page 080*
Joachim Wissler Group
Seite / *Page 114*

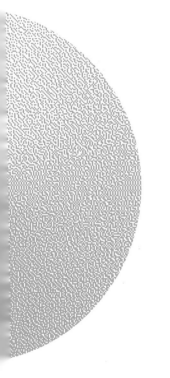

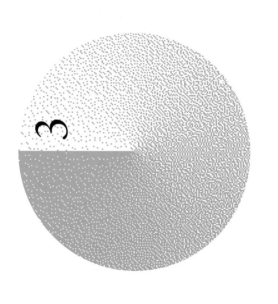

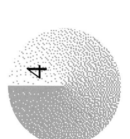

4

Interactive Communication

Webdesign
Animation
Online Finanzkommunikation /
Online financial communication

Referenz / Reference:
Erik Chmil Photography
Seite / Page 104

3

Corporate Architecture

Messeauftritte / *Fair stands*
Ausstellungen / *Exhibitions*
Corporate Events
Live Communication

Referenzen / References:
Munksjö Decor
Seite / Page 024
ThyssenKrupp
Seite / Page 054

de / AUSGEWÄHLTE KUNDEN
en / SELECTED CLIENTS

A – J

ADIDAS GROUP
AIR INDEPENDENCE
BAYERN DESIGN
BMW GROUP
DEUTSCHE BANK
DEUTSCHE POST DHL
DORNIER MUSEUM FRIEDRICHSHAFEN
EM.TV
ERIK CHMIL PHOTOGRAPHY
FRESENIUS MEDICAL CARE
FRITZ EGGER HOLZWERKSTOFFE
GFK
HELKON MEDIA
HITACHI EUROPE
HYPO REAL ESTATE
INITIATIVE DEUTSCHER DESIGNVERBÄNDE
INFINEON TECHNOLOGIES
JOACHIM WISSLER GROUP
JOST HURLER

M–Z

MAN GROUP
MANNESMANN PLASTICS MACHINERY
MANZ AUTOMATION
MUNICH RE
MUNKSJÖ DECOR
MUSEUM FÜR KONKRETE KUNST
ROHI STOFFE
SIEMENS
THYSSENKRUPP
TPS SOFTWARE
TÜV SÜD
TYPOGRAPHISCHE GESELLSCHAFT MÜNCHEN
UHDE
VARTA
WACKER CHEMIE
WELLINGTON PARTNERS

de /

Jeder Auftraggeber befindet sich in Bezug auf Selbstverständnis und Zielsetzung an einem bestimmten Punkt, von dem aus eine Zusammenarbeit beginnt. Dieser Punkt ist immer ein anderer, mit ganz individuellen Anforderungen. Unser Erfolg ist, wenn wir auf dieser Basis den Erfolg unserer Kunden nachhaltig mitgestalten.

en /

As far as the self-image and goal are concerned, every client is at a particular point that marks the beginning of a cooperation. This point is always a different one, with completely individual requirements. Our success is being able to contribute to the lasting success of our clients on this basis.

REFERENZKUNDEN/
REFERENCE CLIENTS

158

de / AUSGEWÄHLTE PROJEKTE
en / SELECTED PROJECTS

A – Z

Kunde / *Client:*
BMW Group
Projekt / *Project:*
Geschäftsberichte /
Annual reports seit / since 2001

Kunde / *Client:*
Bayern Design
Projekt / *Project:*
Designberichte /
Design reports 2001–2005

Kunde / *Client:*
Air Independence
Projekt / *Project:*
Internetpräsenz /
Website

Kunde / *Client:*
adidas Group
Projekt / *Project:*
Geschäftsberichte /
Annual reports 2002–2008

Kunde / *Client:*
Deutsche Bank
Projekt / *Project:*
Retail Design 2009

Kunde / *Client:*
Deutsche Bank
Projekt / *Project:*
Jahresberichte / *Annual reviews*
seit / *since 2006*

Kunde / *Client:*
BMW
Projekt / *Project:*
Dealer Drive Event, Valencia
2007

Kunde / *Client:*
BMW Group
Projekt / *Project:*
Nachhaltigkeitsberichte /
Sustainable value reports
seit / *since 2003*

Kunde / *Client:*
EM.TV
Projekt / *Project:*
Corporate Events

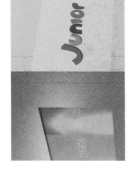

Kunde / *Client:*
EM.TV, Junior
Projekt / *Project:*
Brand Design, Corporate Design

Kunde / *Client:*
Dornier Museum Friedrichshafen
Projekt / *Project:*
Corporate Design

Kunde / *Client:*
Deutsche Post DHL
Projekt / *Project:*
Geschäftsberichte /
Annual reports seit / since 2008

Kunde / *Client:*
Fritz Egger Holzwerkstoffe
Projekt / *Project:*
Kommunikation im Raum /
Spatial communication

Kunde / *Client:*
Fresenius Medical Care
Projekt / *Project:*
Print- und Online-Geschäftsberichte /
*Printed and online annual reports
seit / since 2006*

Kunde / *Client:*
Erik Chmil Photography
Projekt / *Project:*
Internetpräsenz /
Website

Kunde / *Client:*
Erik Chmil Photography
Projekt / *Project:*
Corporate Design

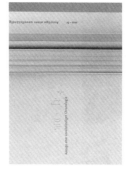

Kunde / *Client:*
hwdesign
Projekt / *Project:*
Kalender /
Calendar 2004

Kunde / *Client:*
Hitachi Europe
Projekt / *Project:*
Imagebroschüre / *Image brochure*
1996

Kunde / *Client:*
Helkon Media
Projekt / *Project:*
Geschäftsberichte /
Annual reports 1999–2002

Kunde / *Client:*
GFK
Projekt / *Project:*
Logo /
Logotype

Kunde / *Client:*
hwdesign
Projekt / *Project:*
Tischsets /
Place mats

Kunde / *Client:*
hwdesign
Projekt / *Project:*
Weihnachtskarte /
Christmas card

Kunde / *Client:*
Joachim Wissler Group
Projekt / *Project:*
Corporate Design

Kunde / *Client:*
hwdesign
Designparcours 2003
Projekt / *Project:*
Kommunikation im Raum /
Spatial communication

Kunde / *Client:*
hwdesign
Projekt / *Project:*
art project #1

Kunde / *Client:*
Infineon Technologies
Projekt / *Project:*
Geschäftsberichte /
Annual reports 2004–2006

Kunde / *Client:*
hwdesign
Projekt / *Project:*
Geschenkpapierbuch /
Wrapping paper book

Kunde / *Client:*
hwdesign
Designparcours 2008
Projekt / *Project:*
Internetpräsenz / *Website*

Kunde / *Client:*
Initiative Deutscher Designverbände
Projekt / *Project:*
Event Design

Kunde / *Client:*
hwdesign
Designparcours 2002
Projekt / *Project:*
Kommunikation im Raum /
Spatial communication

Kunde / *Client:*
hwdesign
Designparcours 2004
Projekt / *Project:*
Kommunikation im Raum /
Spatial communication

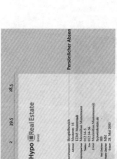

Kunde / *Client:*
Hypo Real Estate
Projekt / *Project:*
Corporate Design

Kunde / Client:
Jost Hurler
Projekt / Project:
Corporate Design

Kunde / Client:
Jost Hurler
Projekt / Project:
Imagebroschüre /
Image brochure

Kunde / Client:
MAN Group
Projekt / Project:
Geschäftsbericht /
Annual report 2004

Kunde / Client:
Manz Automation
Projekt / Project:
Geschäftsbericht /
Annual report 2007

Kunde / Client:
MKK – Museum für konkrete Kunst
Projekt / Project:
Ausstellungskataloge /
Exhibition catalogues

Kunde / Client:
MPM – Mannesmann Plastics
Machinery
Projekt / Project:
Geschäftsberichte /
Annual reports 2002–2005

Kunde / Client:
MPM – Mannesmann Plastics
Machinery
Projekt / Project:
Corporate Design

Kunde / Client:
Munich Re
Projekt / Project:
Geschäftsberichte /
Annual reports 2004–2006

Kunde / Client:
Munksjö Decor
Projekt / Project:
Messestand / Fair stand
Interzum 2005

Kunde / Client:
Munksjö Decor
Projekt / Project:
Messestand / Fair stand
Interzum 2007

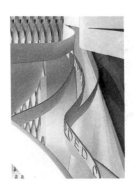

Kunde / Client:
Munksjö Decor
Projekt / Project:
Messestand / Fair stand
Interzum 2009

Kunde / Client:
Munksjö Decor
Projekt / Project:
Neupositionierung /
Repositioning

Kunde / *Client:*
Siemens
Projekt / *Project:*
Nachhaltigkeitsbericht /
Sustainable value report 2010

Kunde / *Client:*
ThyssenKrupp
Projekt / *Project:*
Imagebücher / *Image books*
seit / since 2004

Kunde / *Client:*
ThyssenKrupp
Projekt / *Project:*
Markeninstallation, Leitsystem /
Brand installation, signage

Kunde / *Client:*
Siemens
Projekt / *Project:*
Finanz- und Unternehmens-
kommunikation / *Financial and*
corporate communication
seit / since 2009

Kunde / *Client:*
ThyssenKrupp
Projekt / *Project:*
Corporate Events
seit / since 2000

Kunde / *Client:*
ThyssenKrupp
Projekt / *Project:*
Technology Days Shanghai 2007

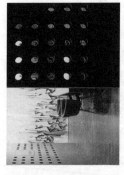

Kunde / *Client:*
Rohi Stoffe
Projekt / *Project:*
Messestand /
Fair stand 2002

Kunde / *Client:*
ThyssenKrupp
Projekt / *Project:*
Finanz- und Unternehmens-
kommunikation / *Financial and*
corporate communication
seit / since 2000

Kunde / *Client:*
ThyssenKrupp
Projekt / *Project:*
Entry IdeenBox 2006

Kunde / *Client:*
Rohi Stoffe
Projekt / *Project:*
Imagebroschüre /
Image brochure

Kunde / *Client:*
tgm – Typographische
Gesellschaft München
Projekt / *Project:*
Karten / *Cards*

Kunde / *Client:*
ThyssenKrupp
Projekt / *Project:*
IdeenPark / IdeasPark
2004 und / *and* 2006

Kunde / *Client:*
Uhde
Projekt / *Project:*
Messeauftritt / *Fair stand*
Achema seit / *since 2003*

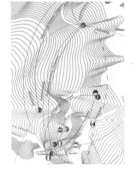

Kunde / *Client:*
Uhde
Projekt / *Project:*
Unternehmensberichte / *Company profiles seit / since 2002*

Kunde / *Client:*
TÜV Süd Gruppe
Projekt / *Project:*
Geschäftsberichte /
Annual reports seit / since 2009

Kunde / *Client:*
TPS Software
Projekt / *Project:*
Corporate Design

Kunde / *Client:*
Wacker Chemie
Projekt / *Project:*
Online Geschäftsberichte /
Online annual reports seit / since 2008

Kunde / *Client:*
Wacker Chemie
Projekt / *Project:*
Geschäftsberichte /
Annual reports seit / since 2007

Kunde / *Client:*
Varta
Projekt / *Project:*
Markenkommunikation /
Brand communication

Kunde / *Client:*
Varta
Projekt / *Project:*
Markendesign, Verpackung /
Brand design, packaging

REFERENZPROJEKTE /
REFERENCE PROJECTS

de / MEILENSTEINE
en / MILESTONES

15

Jahre hwdesign /
Years bwdesign

1995

en /

hwdesign is founded by
Annette Häfelinger and Frank Wagner.
First office in Nordendstrasse, Munich.

1996

First clients include Hitachi and the
Gärtnerplatztheater in Munich.
The beginning of a long-standing
international cooperation with Varta.

Move to an old listed building
in Erhardtstrasse.

1997

New market.
Preparing the first annual reports.
financial statements press conferences and
general meetings.

1998

First fair projects abroad.

The Hitachi image portfolio,
the agency's first assignment, is awarded a
prize by the Design Zentrum NRW.

de /

hwdesign wird von Annette Häfelinger
und Frank Wagner gegründet.
Erstes Büro in der Nordendstraße in München.

Kunden der ersten Stunde sind Hitachi und
das Gärtnerplatztheater in München. Mit Varta
beginnt eine langjährige internationale
Zusammenarbeit.

Umzug in einen denkmalgeschützten Altbau
in der Erhardtstraße.

Neuer Markt.
Erstellung der ersten
Geschäftsberichte, Bilanzpressekonferenzen
und Hauptversammlungen.

Erste Messeprojekte im Ausland.

Das Imageportfolio von Hitachi wird vom
Design Zentrum NRW als erste Arbeit der Agentur
ausgezeichnet.

2002

First international awards by the Type Directors Club and the Art Directors Club, New York.

2003

The "Streib & Hartmann" temporary room installation on the agency premises as part of the designparcours.

Duncan's first year at the agency.

2004

Move to a studio in Türkenstrasse 55–57, in the Akademieviertel in Munich.

2008

Start of the art projects cooperation series by hwdesign with the publication "T55–57".

manager magazin competition "The Best Annual Reports": Four of the five top DAX 30 reports in the category Design were by hwdesign.

2009

"The blue hour" event takes places at hwdesign in collaboration with Gmund paper mill and FOAG printing press.

Autobiographical reading by Olaf Leu as part of the DDC series "Texts by and about Authors" on the agency premises.

greenspirits by hwdesign.

2010

The agency starts the year as a climate-neutral certified company.

10 years' partnership with ThyssenKrupp, the longest-standing business relationship to date.

The "most creative year" so far, holding 7th place in the PAGE creative ranking.

hwdesign celebrates its 15th anniversary.

Erste internationale Auszeichnungen durch den Type Directors Club und den Art Directors Club, New York.

Die temporäre Rauminstallation „Streib & Hartmann" findet in den Agenturräumen im Rahmen des designparcours statt.

Duncans erstes Agenturjahr.

Umzug in ein Ateliergebäude in der Türkenstraße 55–57, im Akademieviertel von München.

Beginn der Kooperationsreihe art projects by hwdesign mit der Publikation „T55–57".

manager magazin Wettbewerb „Die besten Geschäftsberichte": Vier der fünf bestplatzierten DAX 30 Berichte im Prüfsegment Gestaltung wurden von hwdesign gestaltet.

„Die Blaue Stunde" findet in Zusammenarbeit mit der Papierfabrik Gmund und der Druckerei FOAG als Event bei hwdesign statt.

Autobiografische Lesung von Olaf Leu im Rahmen der DDC-Reihe „Texte von und über Autoren" in den Agenturräumen.

greenspirits by hwdesign.

Die Agentur beginnt das Jahr als zertifiziertes, klimaneutrales Unternehmen.

10 Jahre Zusammenarbeit mit ThyssenKrupp, die bis heute am längsten andauernde Kundenbeziehung.

Das bisher „kreativste Jahr" mit Platz sieben im PAGE Kreativ-Ranking.

hwdesign feiert 15-jähriges Jubiläum.

MEILENSTEINE/ MILESTONES

de /

GUTE GESCHICHTEN BLEIBEN.
EINE ERINNERUNG.
EINE EMPFINDUNG.
EIN VORBILD
FÜR ZUKÜNFTIGES.

en /

GOOD STORIES LAST.
A MEMORY. A SENSATION.
A MODEL
FOR THE FUTURE.

Creating
narrative brands
by
hwdesign

Impressum / *Imprint*

168

de / IMPRESSUM/
en / IMPRINT

Herausgeber / *Editor*
Conway Lloyd Morgan

Redaktion / *Editing avedition*
Petra Kiedaisch

Text / *Text*
Conway Lloyd Morgan

Übersetzungen / *Translations*
Isabel Bogdan, Jo Stead

Korrektorat / *Proof reading*
Wiebke Ullmann

Konzept, Layout und Projektteam / *Concept, layout and project team*
Frank Wagner, Annette Häfelinger,
Veronika Kinczli, Nils Jaedicke,
Kristin Schoch, Frederike Winkler,
Melanie Sauer, Adelgund Janik, Günter Fidrich

Photografie / *Photography*
de / Wir danken Matthias Ziegler und Sorin Morar
sowie allen weiteren Fotografen:
Julia Baier, Julian Baumann, Oliver Godow,
Darius Gondor, Stefan Kaderka, Thomas Häussler,
Tobias D. Kern, Tatjana Kunath, Sandra Seckinger,
ThyssenKrupp Steel Europe Werksfotografie

en / We would like to thank all the photographers,
in particular Matthias Ziegler and Sorin Monar.

Verlag / *Publisher*
avedition GmbH
Publishers for Architecture and Design
Königsallee 57, D-71638 Ludwigsburg
Tel +49 7141 1477 391
Fax +49 7141 1477 399
www.avedition.com

häfelinger + wagner design
www.hwdesign.de, info@hwdesign.de

Papier / *Paper*
SYMBOL TATAMI White 135 g/m²
MUNKEN POLAR 80 g/m²

Druck / *Printing*
Leibfarth und Schwarz, Dettingen / Erms

Danke / *Thanks*
de / Wir danken allen Auftraggebern für ihr Vertrauen
und ihre außergewöhnlichen Projekte
sowie allen Mitarbeitern und Partnern für ihr
herausragendes Engagement.

en / Our thanks go to all our clients for
believing in us and for their exceptional projects;
also to all our fellow co-workers and partners
for their extraordinary commitment.

Bibliographic information published by
Die Deutsche Nationalbibliothek

Die Deutsche Nationalbibliothek lists this
publication in the Deutsche Nationalbibliografie;
detailed bibliographic data are available
in the Internet at http://dnb.ddb.de.

ISBN
978-3-89986-140-2
Printed in Germany